肢体语言心理学

邓兮◎编著

中国纺织出版社有限公司

内 容 提 要

每个人的内心都是一座城，没有谁愿意主动敞开心扉。若想了解他人，洞察其心，观察对方的微表情与微动作，是一个最佳的途径。

本书列举了各种类型的微表情与微动作，并结合实际情况，教你通过微表情与微动作捕捉人们复杂的真实内心，教你在生活、工作、情感等多个领域识人心，赢得交际的主动权。

图书在版编目（CIP）数据

肢体语言心理学／邓兮编著. —北京：中国纺织出版社有限公司，2019.11（2023.5重印）

ISBN 978-7-5180-6376-5

Ⅰ.①肢… Ⅱ.①邓… Ⅲ.①身势语—心理学—通俗读物 Ⅳ.①B84-063

中国版本图书馆CIP数据核字（2019）第140030号

责任编辑：李　杨　　责任印制：储志伟

中国纺织出版社有限公司出版发行

地址：北京市朝阳区百子湾东里A407号楼　邮政编码：100124

销售电话：010—67004422　传真：010—87155801

http://www.c-textilep.com

中国纺织出版社天猫旗舰店

官方微博http://weibo.com/2119887771

永清县晔盛亚胶印有限公司印刷　各地新华书店经销

2019年11月第1版　2023年5月第3次印刷

开本：880×1230　1/32　印张：7

字数：168千字　定价：48.00元

前言

日常交际沟通中，除了语言之外，还有更重要的肢体语言。肢体语言是一种使用身体运动或动作来代替或辅助声音、口头言语或其他交流方式进行交流的一种方法。例如，人们可以借助面部表情、手部动作等身体姿态来传达诸如攻击、恐惧、愉快、愤怒、悲伤等情绪或意图；还可以利用空间位置关系来影响个人之间的沟通过程，甚至还可以用服饰来传递信息。

可以说，身体语言比口头语言能够表达更多的信息，那些一闪而逝的微表情以及不经意的微动作，都可以传递出关于当事人更多真实有效的信息。所以，通过微表情和微动作可以有效地了解一个人。从对方的目光、表情、身体姿势，以及彼此之间的空间距离，都可以真切地感知对方的心理状态。通过准确地了解对方的喜怒哀乐，我们就可以有的放矢地调整自己的交际行为，从而促进彼此和谐而有效的沟通。

微表情，一闪即逝，具有极其短暂的特点。它通常会闪现在不同表情之间，或融合在某个主要表情里，如果不仔细观察，根本发现不了它的踪迹。微表情是一个下意识的表情，但就是这样的特性，比人们有意识地做出的表情更真实地暴露一个人的本能反应。所以，通过微表情了解最真实的对方，是一个最佳途径。

微动作，指的是人们在用肢体动作表达思想时不经意暴露的小动作，毫无意识的且不受思维控制的瞬间真实动作。例如，不经意地撩头发、双脚不由自主地拍打地面、双眉紧蹙等，看起来只是细微的变化，却正好反映了当事人的真实内心状态。

当然，不管是微表情还是微动作，若从心理学的角度来分析一个人的真实心理状态，不应该只局限于肢体语言，结合人的动作表情、语言意义等才能全面地做出准确判断。即便是同样的肢体语言在不同性格的人身上意义可能不同，同样的肢体语言在不同情境中意义也可能不一样。需要注意的是，我们要有意识地培养自己敏锐的观察力，善于从对方不自觉的微表情、微动作中发现对方内心的真实状态，不要简单地下结论。

本书基本囊括了我们平时最常见的微表情与微动作，可以作为我们日常识别人心的参考手册，具有很强的实用性。教你拥有一双识人的慧眼，一把度人的尺子，可以从一个人不经意之间流露出来的微表情和微动作辨认其性格，推断其修养，观察其心机，细微处洞察其真心。

编者

2019年4月

目录

上篇　解析微表情

下篇　解读微动作

上篇

解析微表情

微表情是一个人的内心流露与掩饰，是心理应激微反应的一部分，从人类本能出发，不受思想的控制，无法掩饰，也无法伪装。所以，从心理学方面来说，微表情是一个人内心想法的忠实呈现，是了解一个人内心真实想法的最准确途径。

第01章　微表情是什么，你了解微表情吗

“微表情”，是一个心理学名词。生活中，人们通过做一些表情向他人表达自己的内心感受，那些细微的表情隐藏在不同表情或是某个表情中，但面部表情会泄露这些小秘密。另外，微表情只是一个下意识的表情，持续时间很短，可能只有0.04秒。

看人先看脸

俗话说：“看人先看脸。”脸是一个人内心世界的外观，当然，所谓的脸并不是指人的长相，而主要指的是面部表情。

早在古代，就有占卜看相的说法，大致是凭着一个人的面部特征、相貌来预测其命运的看相术，或者只凭一个人的眉毛形状来下定论。其实，从科技发展日新月异的今天看来，这样所谓的相学都是不科学的，毕竟只凭着一个人的眼、眉、耳、鼻的形状以及位置等脸部特征，是很难判断出一个人的命运的。然而，若是运用现代心理学，通过一个人的面部表情来判断他的心理，可以准确地读出他的内心活动。一个人心里在想什么，会相应地反映在其脸上，这时，他的面部表情就会泄露一些秘密，如果能恰当地识破这些秘密，那么我们就能知道他的真实想法了。

在生活中，一个人面部所表现出来的各种各样的情感，是最

能吸引人的表情。或许，在对方未开口之前，你就能从其面部表情中获得一些信息，了解到对方的情绪、气质、性格、态度等。

这天，张小姐接到了通知，下午要与一个大公司的客户进行商业谈判。当然，张小姐并不是谈判代表，仅仅是陪同而已，真正的谈判代表是公司总经理李兵。

下午，张小姐忐忑不安地跟着李总走进了会客室，客户已经到了。彼此寒暄了几句，就进入了正题。张小姐忍不住看了对方一眼，发现对方面无表情，冷冰冰的，似乎不带一丝情绪。她心一紧，好像碰到对手了，这可怎么办呢？她抬头看了看坐在身边的李总，发现一向笑脸迎人的李总居然也板着一张脸，张小姐可纳闷了：这是怎么了？两个人是仇人吗？谈判过程中，两人都面无表情，公事化地谈论着一些合作细节，不到一个小时，两人就签了合同。

客户走了之后，李总呼出一口气，整个人显得格外轻松，脸上也露出了笑容。张小姐不解地问："李总，刚才，你们干嘛都板着脸？这样谈判怪吓人的。"李总笑着解释："这位客户面无表情，想必是一个缺乏人情味的人，跟这样客户交谈，我笑得再多也没用，还不如跟他一样，面无表情，这样一来，他会觉得跟我是同类，自然就没有招架之力了。"

李总通过客户的面部表情判断对方是一个缺乏人情味的人，洞悉了对方真实的想法，李总保持同样的表情，以此达到了自己的目的。有人说："表情比嘴巴更会说话。"有时候，我们仅凭着一个表情的动态就能揣测出对方的心理。从心理学上看，表情是动情的一种反映，而动情则是一个人感情、意志等内部心理活动。因此，只要我们仔细观察对手的面部表情，就可以读懂对方的内心，再对症下药，达到自己交际的最终目的。

可以这样说，面部表情是一个人内心世界的真实映照。例如，一个女人脸上泛红晕，一般是羞涩或激动的表示，男女在相恋的时候，也时常会脸红；脸色发青发白则是生气、愤怒或受了惊吓的紧张情绪的表示。眉毛、眼睛、鼻子和嘴巴则表现了丰富而微妙多变的情绪，如皱眉表示不同意、烦恼；扬眉表示兴奋；眉毛闪动表示加强语气；眉毛扬起而又短暂停下，表示惊讶或悲伤。

下面，心理学家就简单地列举两种常见的面部表情，为你一一揭开他们真实的内心世界。

1.表情善变者

有的人会随着感情的变化而表情多变，时而喜悦、时而遗憾、时而气愤，其内心的感情变化毫无保留地表现了出来，这就是表情善变者。一般而言，表情丰富算是比较积极的心理，但是，对于表情善变者来说却不是这样。

因为，大多数人都会习惯性地隐藏自己的某些情绪，像这样毫无顾忌地表现出来，却是另一种心理状态。这样的人大多自私自利，唯我独尊，只要有一点点不符合自己的意愿，他们的表情就会大变。面对这样的人，如果他的表情开始变化，那么你不妨先认同其想法，适当附和，等其情绪稳定下来再慢慢交流意见。

2.表情丰富且喜欢笑的人

有的人表情丰富，而且经常会露出笑容。这样的人有着良好的人际关系，善于处理人与人之间的关系。而其善意的笑容时常给人以亲近的感觉，他们属于容易亲近的类型，性格大多外向，比较容易沟通。即使在碰到不同的想法时，他们也会详加考虑，喜欢为他人着想，与这样的人谈判，不得不说是一次愉快的沟通。

有人说："人的面部表情是人的内心世界的显示器。"一般而言，一个人在心里感触到的喜怒哀乐都会表现在脸上，一个人高不高兴看他表情就知道了。但是，心理学家认为，并不是每个人的真实内心都会反映在面部表情上，有时候，为了寻求自我保护，人会下意识地隐藏自己的一些真实情绪。不过，只要我们仔细观察，透过细微的表情，一样能捕捉到其中的秘密。

识破那些虚假的表情

我们经常会说，表情是人内心世界的镜子。但是，在某些场景中，这面镜子也会有模糊的时候。换而言之，表情与心理有时也会不对称。有首歌叫做“你的眼睛背叛了你的心”，其实，不仅眼睛是心灵的窗户，表情、语言、身体动作等，都可以在不经意间出卖其内心的想法。著名的微表情大师保罗·埃克曼教授通过美剧《别对我撒谎》曾指出：“当一个人表达一件事时，他的表情、肢体动作和语言不同步出现或不协调的时候，很可能说明心中有鬼。”其原因是人的语言和表情可以被设计、伪装，如一个面无表情的人，有可能他内心正在汹涌澎湃，那些是我们无法用眼睛识别出来的。

生活中，我们经常看到这样的场景：当收到一份自己喜欢的礼物时，通常人会一边微笑一边说“我很喜欢”；可是，假如他先说“我很喜欢”，过了几秒钟才露出笑容，那有可能他所表露出来的表情是违心的、虚假的，实际上他并不太喜欢这份礼物。同样的例子，当我们与人发生争执时，对方突然重重地拍打桌子，继而露出愤怒的表情，而且大声斥责你，那也不用太在意，因为他很有可能是在装腔作势。假如这个人真的在生气，那他必定是一边拍桌子一边大声斥责你。其实，这些都是表情与心理不一致的情形。

对于那些表情与心理不一致的情况，难道我们就毫无办法揣测对方的真实心理了吗？当然不是，因为下意识的表情和动作是无法轻易被心理所控制的，在虚假表情闪现的某个瞬间，只要我们能抓住时间差，就可以拆穿对方的谎言。

情绪与表情有时不一致

一个人所拥有的许多表情，其实是有生物学基础的。例如，大脑中的杏仁核区控制着人的害怕情绪表情，当一个人受到威胁的时候，杏仁核区就会传递信息，人就会做出恐惧的表情，这就是自然的反应。但在很多时候，人的表情是可以伪装的，也就是说，某些表情是故意装出来的。在这方面，如果你经常看电视就可以见识到演员的演技了。在电视剧或电影中，明明知道他们所扮演的是一个虚拟的角色，这样的角色只存在于大屏幕上，但那些演技颇高的演员却以生动的表情迷惑了观众，当悲情剧上演的时候，尽是观众的哭泣声。对此，我们不得不佩服演员的深厚功底；同时，也不得不承认，神态表情是具有伪装性的。

如果我们在百度上搜索微笑的表情，那一定会出现奥黛丽·赫本的经典笑容，那是一张端庄微笑的照片。然而，对于这样的微笑，却有微表情学者说："这就是典型的假笑，是为了摆造型做出来的笑。"同时，他说道："当人的脸部表情两边不对称的时候，表现出来的感情可能是装的。如果先突然大声说话，然后再用手猛拍桌子，这是对可怕事情反应的手势时间差。假如是真的发火，那这两个动作应该是同时进行的。"

原来，笑容也是可以伪装的。当我们在识别笑容的真伪时，最重要的是看鱼尾纹肌，不论是小孩还是老人，在真笑时，都会咧开嘴，嘴角向上，鱼尾纹肌是皱在一起的。不管是否有鱼尾纹，鱼尾纹肌都是一样的；而假笑时，嘴部的表情虽一样，但鱼尾纹肌是没有什么变化的。

神态表情是如何伪装的呢?

1.有情绪不一定有表情

生活中，人与人之间的交往会遵循许多社会准则，在这样的情况下，能够随意地呈现自己情绪的场景并不多见。在很多时候，人们情绪的表达会受到一定的约束和限制，在这样的情况下，表情就会显得很隐晦，甚至会出现伪装，就好像每个人都戴了一张面具。

2.有表情不一定有情绪

随着社会阅历的增加，人们会随意做出各种常见的表情，这样的事情对于演员而言会更加容易。通常情况下，优秀的演员可以在两秒钟内精准地控制某一只眼睛默默流出眼泪。因此，如果我们观察到了某种表情，并不能确认这个人内心产生了相应的情绪，因为这个表情有可能是伪装的。

人都是善于伪装的动物，每个人都生活在一个伪装的世界里。这一点无论你接受与否都是客观存在的。每个人都扮演着不同的角色，随着地方的不同、面对对象的不同，他所呈现出来的表情也是不同的。很多人善于通过自己的面部表情来掩盖真实的自己，其实他的每一个眼神、每一个微笑都有特别的含义，只要你读懂这些表情，就有助于你读懂对方。

表情是情绪的外在写照

一个人只要头脑还保持清醒，那他就会持续接收和处理各种来自外界的信息。例如，让人欢喜的事情，让人烦闷的事情，但这些可以刺激到我们内心情绪的事情发生之后，除了引起我们本能的反应之外，还有可能引起不同层次的情绪反应。相应地，遇到欢喜的事情会高兴，遇到烦心的事情会悲伤。与此同时，我们的面部就会呈现出各种各样的神态表情。

通过大量的实验表明，人脸的不同部位具有不同的表达情绪的作用。例如，眼睛对表达忧伤情绪很重要，口部对表达快乐与厌恶情绪很重要，而前额可以提供惊奇的表情，眼睛、嘴巴和前额等对表达愤怒情绪都很重要。人们之所以会呈现出不同的表情，是源于其内心的情绪不同。当一个表情呈现出来之后，我们就可以据此判断出当事人正处于何种情绪。

大部分人的常见表情有7种，这7种表情都表达了不同的情绪。

1.高兴

人们在高兴时的表情表现为嘴角上扬，面颊上抬起皱纹，眼睑收缩，眼睛尾部会形成“鱼尾纹”。

2.伤心

人们在伤心时的表情呈现为眉毛收紧，嘴角下拉，下巴抬起或收紧。

3.恐惧

人们在恐惧时的表情呈现为嘴巴和眼睛张开，眉毛上扬，鼻孔张大。

4.愤怒

人们在愤怒时的表情呈现为眉毛下垂，前额紧皱，眼睑和嘴唇紧张。

5.厌恶

人们在厌恶时的表情呈现为嗤之以鼻，上嘴唇上抬，眉毛下垂，眯眼。

6.惊讶

人们在惊讶时的表情呈现为下腭下垂，嘴唇和嘴巴放松，眼睛张大，眼睑和眉毛微抬。

7.轻蔑

人们在轻蔑时的表情呈现为嘴角一侧抬起，做讥笑或得意笑状。

当我们在遭受外界刺激的时候，第一反应是惊讶，然后，我们会产生两个不同方向的情绪：积极方向的情绪是不同程度的愉悦，消极方向的情绪则会依据刺激程度的不同，而衍生出厌恶、愤怒、恐惧和悲伤。虽然，情绪和表情这两者从表面上看是不同的，但两者却是互相联系的。情绪用于处理外界带来的不同刺激，表情则是人类的另外一种交流方式。不过，这些情绪和它们所驱动产生的表情之间有着天然的联系。假如我们可以通过外在的表情进行剖析，分析出面部表情背后的情绪，那我们就可以知道他人内心的真实想法。

神态表情即为心理

神态表情，大多指一个人面部所呈现出来的具体形态。表情，也就是人通过面部形态变化所表达的内心思想感情；神态，也就是人的面部所表现出来的神情态度。通常情况下，这两者是相通的，神态表情其实主要是指人在脸上所呈现出来的态度变化。

从心理学上说，每个人的神态表情都反映着其相对的心理状态。例如，一个身体健康、心情愉悦的人，他的神态表情为红光满面、神采奕奕；相反，一个苦恼忧愁的人，他的神态表情通常为愁云密布、眉头紧锁。其实，一个人所自然表现出来的神态表情就是其心理。

下面，我们列举两种常见的神态表情。

1.目光

泰戈尔曾说："一旦学会了眼睛的语言，表情的变化将是无穷无尽的。"眼睛是心灵之窗，它可以如实地反映出人的喜怒哀乐。而由眼睛所表现出来的目光则是一种直接的神态表情，可以说，目光是富有表现力的一种"语言"，适当地运用能给交往带来好处。

2.笑容

笑容，也就是人们在微笑时的神态。笑容的核心在于笑，也就是人的面部要呈现出愉快、欢乐的神情。笑主要以愉快、欢乐为首要特征，当然，笑容有很多种，如微笑、欢笑、狂笑、苦笑、奸笑、傻笑、冷笑等。不同的笑容，反映了人们不同的心理状态。

罗兰曾说："面部表情是多少世纪培养成功的语言，是比嘴里讲的要复杂千百倍的语言。"确实，人类是生物界的宠儿，其表情简直可以说是变化多端，不可胜数。即便如此，神态表情却是有共性的，它超越了地域文化的界限，可以称为人类的世界性"语言"，在世界上，神态表情是可以通用的。

在生活中，神态表情作为传情达意的一种重要沟通方式，指的是通过眼神、动作、面部表情等来表达内心思想的一种非语言形式。神态表情不仅仅彰显着自己的喜恶，更为重要的是，通过自己一颦一蹙的变化展现自己的内心世界。在现实生活中，不同性格、身份、经历的人，会有各种不同的神态表情。当然，单纯的神态表情并不能完成一次沟通，它必须根据事件、环境、心境的状态才能恰如其分地表现出来。

令人迷惑的复杂表情

在生活中，一些普通和常见的表情是大多数人都会快速识别的，而且可以通过这些表情判断出当事者的心理活动。通常情况下，年龄不超过3岁的婴儿，根本没有办法识别所有的基本表情，不过，那些心智正常的少年，以及年龄大一些的人对于生活中普通和常见的表情通常不会存在识别上的障碍。但是，表情，它既是简单的，同时也是复杂的。说它简单，在于一个人的脸上只会露出惊讶、厌恶、愤怒、恐惧和愉悦这几种表情，很容易辨别；说它复杂，在于表情背后的意义，可能只是一个简单的表情，所透露出来的意义却是不同的，甚至，在表情之间，一些细微表情的插入，也会给我们的识别工作带来障碍。

其中，微表情就属于复杂的表情。有时候，我们觉得某些表情看上去很眼熟，但普通人却难以准确地判断出当事者的心境，虽然会有所察觉，但不够清晰、不够确定。况且，若是遇到那些自控能力超强的高手所露出来的表情，不管是面无表情还是逼真的表情，都容易迷惑我们，不容易识别。

由于表情的复杂性，我们除了需要能够拆开并熟悉表情细微变化所属的表情特征之外，还需要稍微多一些分辨表情真假的能力。通常情况下，情绪引发的表情为真，思维控制的表情为假。复杂的表情，通常是真假混为一体的，这样的表情带有表演的痕迹。当我们在考虑需要露出一个伪装的表情时，通常会通过思考来完成，不过，在思考之前，有一个十分短暂的瞬间，这时身体会做出相应的反应和变化，其中包括脸上的肌肉运动。在这个过程中，难免会露出一点儿真情绪，不过，思考之后，虚假的表情很快就会呈现出来，即便表演得很高明，也难免会有痕迹，这就是复杂表情的发展过程。

第02章　透过微表情，看到你想看到的秘密

微表情一闪而过，通常甚至清醒地做表情的人和身边的人都察觉不到。但尽管如此，相比较人们有意识地做出的表情，那些短暂的微表情更能体现人们真实的感受和动机。透过微表情，你可以看到你想看到的秘密。

透过表情窥其小情绪

一天下班回家，阿强将新发的工资递到了媳妇小敏的手上。小敏看到工资只有平时的2/3，感到很奇怪也很郁闷，于是问道："老公啊，这不对啊，这次工资怎么少了这么多呢？这是什么原因？钱去哪儿了？"阿强脸上有些泛红，眨了几下眼，低着头说："最近公司效益差得很，工资发不下来，我们同事都只发了这些，没办法的事情……"不难看出，阿强的脸色变化、眨眼的动作都与平时大不一样，因此小敏完全可以从他的脸上"读"出他的谎言。

表情是除了语言之外十分重要的一种交流"语言"——它能够表达的信息并不比语言少。可以这么说，在人与人之间的交往中，表情是除了语言之外，传达信息和感情最多的一种肢体语言。观察别人的面部表情，往往比从对方的话语中更能清晰地了

解对方的心理变化。

那么，我们该如何透过表情来窥探对方的小情绪呢？这里，给大家介绍几种比较典型的表情，教大家认识其背后的意义。

1.喜欢一直微笑着目视对方

有些人总是静静地听别人说话，并一直面带微笑地看着对方。其实这并不意味着他们赞同对方的观点，微笑通常只是掩饰其内心最得体的方法。这类人的个性通常是做事不露锋芒，不爱表露自己的真实想法，喜怒不形于色，谨小慎微，比较会处理人际关系。

2.撒谎时容易面带慌张恐惧

如果撒谎者只是说了一个小谎，那么他的面部表情中可能没有太多恐惧。因为他心里有底，即使被识破了，也不会有太大的麻烦。但是，如果一个人撒的谎比较大，即使他极力地掩藏，一些高明的识谎者也能从他细微的表情中看见恐惧的信号。

3.表情突然变得严肃起来

刚才还笑着交谈的对方，突然一脸严肃，这很可能是一种无声的抗议。因为对方听了你的话后感到非常不愉快。特别是女性，经常会使用这种方式。当不想再谈这一话题，又不方便直接说“无聊”或“换个话题吧”时，表情就会从笑脸转为严肃，委婉地表示不满。

4.从眼睛、嘴巴看对方的蔑视心理

蔑视的表情常出现在自命清高的人脸上，或是当一个人不认同其他人的观点时，嘴角轻佻地上扬、嘴巴紧闭、眼睛斜视等都是蔑视的表情特征。这种表情富有攻击性，能够刺痛人心。

平时，大家会发现有这样一类人，不管他人说什么做什么，都没有任何面部反应。没表情就是没感情吗？其实不然。因为内心的活动倘若不呈现在脸部的肌肉上，那就显得很不自然。越是没有表情的时候，越可能是掩藏着更为冲动的感情。

隐藏在微表情里的谎言

在美剧《别对我撒谎》中，主人公卡尔用令人意想不到的方法轻松破案。在一个小故事中，他没有逼供，没有物证，只是和爆炸案嫌疑人聊了一会儿，捕捉到了对方耸肩、吸鼻子等几个转瞬即逝的表情、动作，便以此作为线索找出了爆炸物的安置点，这样的识别无疑让人目瞪口呆。

或许，有人会疑惑：他凭什么线索破案呢？其实，答案很简单：微表情。即便表情是可以伪装的，但一闪即逝的微表情却是异常真实的。善于识别人心的人往往是利用脸部细微表情动作分析对方的肢体语言和微表情，按照这些判断对方言语背后的真正意思，然后判断对方是否在撒谎。

那么，在生活中，如何才能捕捉到细微表情呢？

1.察言观色

你可以通过察言观色来判断对方说的话是否是真的。有可能是一个细微的动作，有可能是一个眼神，也有可能是一个笑容……这些在他脸上、身上表现出来的表情或动作，都在随时地告诉我们他内心究竟在想什么。

2.观察对方表情是否前后一致

微表情是一种非常快速的表情，持续时间仅仅为0.04秒至0.2秒，正因为这样，大多数人往往不容易察觉到它的存在。但是，如果我们观察够仔细，还是能够从表情的变化之中搜索到一些细微差别的。例如，当一个人在咬紧双唇沉默的时候，如果你仔细观察，就会发现他紧握拳头，这表示他内心是极其愤怒的，但却在强忍着。如果在这时，他说："我没生气。"其实，这句话也是假的。

微表情学者认为，在与人交往中，有90%的非语言信息来自面部，眼、眉、嘴、面部肌肉的细微变化，都会传递出不同的信息。在这其中，眼睛集中了面部表情的大部分信息，从眼神中有时可以判断出一个人是坦诚还是心虚，是诚恳还是伪善；而瞳孔扩大，表示其内心的兴奋；瞳孔缩小，则表示其内心十分厌恶。

微表情背后的真实心理

表情是反映一个人内心活动的一面镜子，所以，我们说表情背后的秘密往往隐藏着人的内心，正因为如此，只要我们剖析了一个人的表情，就可以顺着对方的表情窥测出其内心的活动。即便是不同种族，不同国籍的人，也有一个共同点：拥有快乐、悲哀、静穆和狂怒等复杂、丰富的表情。而通过这些表情，我们完全可以看出一个人的精神生活和内心变化，所以，我们说人的表情是其灵魂的一面镜子。在这个充满谎言的世界里，人的面部表情比语言、行为显得更加真实、更加直接。在转瞬即逝的微表情里，实际上隐藏着人最真实的心理感受。

为什么说微表情隐藏着人们最真实的心理感受呢？

1.微表情是转瞬即逝的

微表情，几乎是一闪而过的，一般甚至清醒地展现表情的人和观察者都察觉不到这细微的变化。在表情实验里，差不多只有10%的人才能察觉到，这意味着，相比较人们有意识做出的表情，微表情更能直接地体现人们真实的感受和心理动机。尽管我们常常会忽略微表情，不过，人们的大脑依然会受影响，改变对别人表情的理解。

2.微表情是无法伪装的

微表情作为心理应激微反应的一部分，从人类的本能出发，无法伪装。即便人们平时很努力地掩饰自己的真实感受，强颜欢笑，都只有在出现一瞬间的微表情之后，才能表现出自己想要表现的表情。因此，微表情是了解一个人内心真实想法的最准确途径。

在美剧《别对我撒谎》中，莱特曼博士有这样一句台词："你刚才双手抱胸同时后退，这是一种下意识的退缩和躲闪，你在说谎！"在剧中，他一次次通过"微表情"洞悉他人的心理，从而揭露出罪犯最真实的心理活动。可以说，人的表情可以表现出成千上万、不计其数而十分微妙的表情，而且表情变化非常迅速、敏捷和细致，可以真实、准确地反映一个人的情感以及心理活动。在对方未开口之前，你就可以通过其表情得到一些信息，对其情绪、性格、态度等有所了解。

常见表情所呈现的真情实感

一个人的脸部有43块肌肉，由于人们对"甜"和"苦"的生理反应，形成了"开心"和"不开心"两种最基本的表情。开心时，面部的肌肉自然松弛；不开心时，会伤心落泪，甚至表情比言语更能明显地表达心理动态。由此可见，我们完全可以通过常见表情认知他人的心理。

人们常说："六月的天，孩子的脸——说变就变。"其实，孩子的脸看似变化迅速，不过，和成年人的面部表情变化相比就逊色多了。而且，这两者是不同的：孩子脸上的变化是显著的、简单的，而成年人的面部表情变化却是微妙的、复杂的。一个人的面部表情是十分丰富的，这和一个人的内心世界有着极为丰富且直接的关系。一个人的面部表情，所表现的是一个人内心的真情实感。

一个人的思想可以表现出不计其数的复杂而微妙的表情，而且表情的变化是相当迅速的，但即便如此，表情还是可以真实、准确地反映心理活动的。在生活中，有经验的人可以通过观察人的表情和表情变化，探知到他人的内心世界。俗话说："看天要看云，看人要看脸；看云知天气，看脸知人心。"说的就是这个道理，当我们在观察他人表情的时候，应该从两个方面下手：一个是固化在人脸上的表情显示的个人性格特点，另一个是表情细微变化显示的个人心理变化。

生活中，都有哪些常见的微表情呢？它们到底代表了什么样的心理呢？

1.眼神

每个人的眼睛都能够发出各种信息，而这些信息往往就是他内心情绪的变化。例如，眼睛流露出善意，表明对方心地很善良；眼睛暴突，表明对方性情很凶恶。所以，而你只需要注意观察对方的眼神，就可以认知对方的心理了。

2.笑容

不同的笑容代表着不同的心理，当一个人在笑的时候，如果眼角没有出现细纹，那他有可能是在假笑。反之，当他在笑时，眼角出现了细纹，眼神明净，那表示他是真的在笑。

剖析复杂的表情

生活中，对于复杂的表情，我们需要仔细分解之后再逐个剖析，这样才能推测出当事人处于什么样的情绪之中。一个人的喜怒哀乐即使掩藏得再深，也会通过神态表情泄露出来。一个眼神、一个皱眉、一个噘嘴都包含着丰富的信息，向我们清晰地展露一个人的内心世界。对此，我们需要观察一个人的复杂表情，从细微表情中把握对方的真实想法。

在火车上，大娘神情落寞地看着窗外，思绪不知道飘到哪里去了。想着已经10年没消息的女儿，她就忍不住落泪，想想那些日思夜想的日子，眼睛都快哭瞎了。虽然这件事已经过去10年了，但就好像发生在昨天一样，大娘无法忘记失去爱女的那种痛苦，她到底在哪里呢？这10年来，自己走遍了大江南北，可就是寻不到她的踪迹，只要自己听说一点儿消息，就会跑去询问，但最后却是一场空。

难道寻女之路要伴随自己一辈子吗？难道自己在生命的最后关头也找不到那个丢失的女儿吗？大娘的眼睛湿润了，眉毛下垂，整个人看上去很悲伤。这时揣在怀里的手机响了，大娘熟练地将手机掏出来，寻女之路将一个农村妇女锻炼成一个擅长用现代化东西的人，那些日子确实不容易。大娘用沙哑的声音说："喂，您好。"电话里似乎传来了新的线索，大娘的眼神划过一丝光亮，眉毛也向上抬了抬，有些不相信："真的吗？"嘴角边不经意露出一丝笑意，等到她放下手机的时候，虽然眼里似乎还有泪，但看上去精神已经好了很多。

所谓的复杂表情，也就是两个或两个以上表情的组合，如悲喜交加，这个表情组合就是将喜悦的情绪和悲伤的情绪组合起来，所呈现在脸上的是：眼神中还有几许悲伤，可能脸上还挂着几滴泪水，但悲伤还来不及蔓延，喜悦的表情却呈现在脸上了，这就形成了悲喜交加的表情。当我们在分析这个表情的时候，需要先分解悲和喜的表情，再逐一分析它们产生的来源，这样就可以知道对方的情绪处于什么样的状态。

复杂表情的形成是在一个既定表情的基础之上，也就是说，一个复杂表情呈现的时候，定会有一个先呈现的表情。而当这个表情在呈现过程中的时候，外界信息突然发生了变化，导致当事人情绪发生波动，这样一来，由于前面存在的表情来不及消失，而由外界信息传递而来的情绪反映已经迫不及待地出来了。所以，在前一个表情尚未消失的情况下，下一个表情又出现了，这就形成了复杂的表情。

基于复杂表情的形成，我们在分析它的时候，应该先分解出来。例如，悲喜交加，先是悲伤还是先是喜悦，表情呈现的先后顺序，在当时的情境下，占主要情绪的表情呈现的是悲伤还是喜悦都需要一一分析，然后再剖析悲伤和喜悦的形成原因，以及表情呈现。

透过细微表情捕捉小秘密

一个人的表情外显通常被认为是“自然流露”，意思是有所见或有所感而发，出自内心的自然本真，显示出的表情举止自然而然，但其中也隐藏了不少真性情，因为虚假的表情难掩真实的神色，你若仔细观察，必会窥探出不少秘密。

一般而言，人在心里感触到的喜怒哀乐都会表现在脸上，一个人高不高兴看他表情就知道了。但是，并不是每一个人的真实内心都反映在面部表情上的，有时候，他们为了寻求自我保护，会下意识地隐藏自己的一些真实情绪。不过，只要我们仔细观察，透过细微的表情，一样能捕捉到其中的秘密。

那么，如何从那些虚假的表情中捕捉他人心中的真实想法呢?

1.面无表情者

有的人自作聪明地认为“面无表情”就是最自然的神态，其实不然。在日常交际中，许多人会“面无表情”地谈话、交流，轻易不肯说出自己的想法。其实，他们真实的内心不外乎这三种想法：一是敢怒不敢言，二是漠不关心，三是根本没有放在心里。

2.皮笑肉不笑

在生活中，有许多人经常会以虚假的笑容来迷惑他人，尤其是那些奸诈的小人，他们不愿意表露自己真实的想法，常常以皮笑肉不笑的笑容示人。其实，这时他们内心的想法恰恰是与脸部表情相反的，可能是很愤怒，可能只是想敷衍你，可能只是想亲近你，但其内心一点儿想亲近你的意思都没有。

3.洞悉对手急躁、不耐烦的表情

人们在生活中学会了用许多方法来掩饰自己的内心，当然，他们也知道在什么样的情况下该掩饰什么样的表情。例如，在商业会谈的时候，有的人总是显得急躁、不耐烦，眉毛时常跳动，这时，他们有可能没有诚心跟你合作，只是想趁早了事，还有一种可能就是他们只是想早点儿结束生意而去参加公司的晚会。

第03章　面部微表情，传递情绪的真意

生活中，人与人之间最佳的沟通方式就是面对面的交流，因为除了语言性的交流外，非语言性的身体符号也可以传递和传达出个体的信息，达到沟通的目的。而面部微表情就是一种身体语言符号，从中可以传达出个体的心态和情感。

有一种表情叫相由心生

情绪和情感其实是一种内部的主观体验，不过，在情绪和情感发生的时候，又总是伴随着某种外部表现，这种外部表现实际上是可以观察到的某些行为特征。在生活中，我们称这些与情绪、情感有关的行为表现为表情。

表情，也就是指通过眼部肌肉、颜面肌肉和口部肌肉的变化来表现各种情绪状态。在面部器官中，人的眼睛是最善于传情的，不同的眼神可以呈现出内心不同的情绪和情感。例如，开心时会眉开眼笑，生气时会怒目而视，恐惧时会目瞪口呆，悲伤时会两眼无光。眼睛，既可以传递感情，也可以交流思想。在人际交往中，有些事情只可意会，不可言传，这时我们就可以通过对方的眼神了解到他内心的思想和愿望。除了眼睛这一重要的表情器官之外，口部肌肉的变化也是表现情绪和情感的重要途径。例

如，愤怒时会咬牙切齿，紧张时会张口结舌，这些都是通过口部肌肉的变化来表现某种情绪的。

其实，一个人内心的情绪除了影响到面部表情之外，还会潜移默化地影响到其他各种表情。

1.姿态表情

姿态表情可以分为身体表情和手势表情两种。一个人在不同的情绪状态下，其姿态表情也会发生不同的变化，如高兴时捧腹大笑，害怕时双肩紧缩，紧张时坐立不安，等等，甚至一个人举手投足、两手叉腰等姿态表情也可以表达其内心的情绪。

2.语调表情

语音、语调表情是表达情绪的重要形式。例如，朗朗的笑声表达了愉快的情绪，而呻吟则表达了痛苦的情绪。虽然，言语才是人们沟通思想的工具，但语音的高低强弱，也是当事者表达情绪的途径。

情绪有一种表现状态是表情，一个人的表情是内在情绪的外在流露，它具体表现一个人的情绪状态。一个人即便是毫无表情，但从其语音、语调，以及细微的面部表情，我们依然可以揣测出其内心的真实情绪。

透过表情揣测对方的情绪

既然一个人情绪的外在表现即是表情，那么在日常交际中，我们完全可以由表及里，看穿对方此刻的情绪。例如，在面部表情中，如果一个人满眼泪水，那他此刻的情绪定是处于悲伤的状态；如果一个人满脸怒气，那他此刻的情绪定是处于愤怒之中。不仅如此，我们还可以通过其姿态表情、语调表情等，窥测对方此刻的情绪。

虽然情绪是一个人内在的心理活动，但这样的心理活动也会有外露的时候，即便当事人极力隐藏自己内在的情绪，我们依然可以从其一言一行中察出端倪。这样的情况对于我们自身而言也是一样的，当我们内心涌动着复杂的情绪时，即使当时的情境不允许我们真实地释放出这种情绪，哪怕是百般掩饰，也会从我们的行为中露出蛛丝马迹。如果我们看过演员的表演，就会知道这些情绪的泄露点在哪里。例如，当一个人强忍怒火的时候，也许他的脸部是平静的，但他的拳头一定是紧握的，而且如果你仔细观察，就会发现那一簇怒火在其眼中不经意闪现。

在日常交际中，对于每一个人而言，适时察觉对方处于何种情绪，将有助于我们在与人相处时如鱼得水、左右逢源。例如，当我们在讲述某件事情的时候，对方是否在认真地听，他是生气还是欣慰，等等，这些都是我们需要清楚地知道的。其实，要想知道对方此刻的情绪并不困难，只需要我们留心观察对方的脸色、谈话、举止、言行等，就会从细枝末节中看出来。

相貌表情显现人的性格

或许，我们都不知道，人与人之间的性格差异也会导致表情的差异。内心善良的人与内心狡诈的人的面相肯定是不一样的。有人说："读书亦能改变容貌。"读书而懂得深入思考的人，与那些全然不看书的人相比较，容貌也是大有不同的。毫无疑问，相貌表情显现人的性格。

一个人经验的密度、知识的厚度、思考的深度，是否具有创造力和个性，以至资质愚笨或机敏，善良还是险恶，所有这些，都能显示在其相貌中，尤其是眼睛和神气中。而且，这样的相貌仪容既是天生的，也是后天环境所塑造而成的。在面部器官中，嘴部线条与鼻部之间的三角区是说话、微笑以及各种表情语言最富特征的表现区，按照线条的各种变化，我们可以清晰地抓住他人脸上这些最微妙的情绪——微笑、嘲笑、严肃、轻蔑、不满、激动、愤怒等。

著名作家柯云路曾说："相貌是凝固的表情，表情是瞬间的相貌。"如果一个人从年轻时就和和善善、快快乐乐，那等他老了以后，他的相貌定然是慈眉善目；如果一个人一辈子愁苦，那他老了就会是愁眉苦脸的相貌。

不仅仅如此，我们还可以从一个人的相貌中看出其性格，一个堂堂正正、光明磊落的人，他的表情一定是清楚显现的，绝不会躲躲藏藏；而一个狡诈之徒，他的眼神有可能是躲闪的，笑容有可能是虚假的。虽然，以貌取人是不妥的，但从一些人的相貌表情里还是能够揣摩出对方的职业、经历和性格的 。

情境对情绪及表情的影响

有时候，之所以会出现情绪与表情不一致的情况，那是源于当时的情境。何谓情境？也就是露出表情者所处的环境，所面对的人和事。虽然，我们总是强调，表情是内心情绪的一面镜子，但在日常生活中，我们却不可能让这面镜子如实地反映自己的内心，因为在某些特定情境下，我们是不得已的。

例如，当我们遭遇上司责骂时，即便内心是不服气的，但我们还是会咬紧牙关，不让自己愤怒的情绪外泄出来，因为我们需要保住自己的工作，而不是凭一时冲动与上司理论，这是任何人都懂的道理。因此，在大多数时候，我们会看见这样的场景：当上司在怒斥下属的时候，下属只是低着头，脸上是一副知错就改的表情。但谁知道下属心里到底在想什么呢？估计早就在骂上司愚蠢了，甚至在计划着当自己升职风光之后，如何回报上司现在给自己的屈辱。所以，不同的情境会影响到情绪以及表情的呈现。

婷婷走进办公室，心里想着：这次肯定又要挨骂了。原来，在前一天的工作中，粗心大意的婷婷犯下了一个错误，这不，才一天的时间都不到，就被领导请到办公室“喝茶”了。

还没等婷婷回过思绪来，领导劈头盖脸就是一顿臭骂：“你怎么做事的？怎么一点儿也不长脑子？你说你到公司几年了，怎么在这种最基本的地方还会犯错呢？如果你再这样，就别在公司待了……”婷婷满脸恭顺，说：“我知道错了，下次一定会改正的。”说着，还赔上一张笑脸。殊不知，婷婷在心里早就把领导骂了个遍：真是，每次都是这样，除了会骂人之外，还会做什么呀，天天坐在办公室里吹空调，怪不得说话那么凶，一说就是别在公司待，哼，这样的破公司，请我还不来呢。

这基本算是职场里每天都在上演的好戏，在表面上看，被领导斥责的婷婷很温顺，也知道自己的错误，还保证自己会改正。但婷婷内心是不服气的，她也在心里抱怨领导，但这种心理，婷婷并没有显现在自己的脸上，就连情绪中也没呈现出来。这是为什么呢？因为她所面对的是领导，即便她很不情愿自己被领导责骂，但至少现在这一刻，她还没有与领导撕破脸的想法，也就是说，她依然需要听从领导，因此，她的情绪和表情才会以虚假的方式呈现出来。

其实，在生活中，很多情境是我们无法决定的，如我们所面对的人和事。在这些人和事面前，我们不可能毫无掩饰地呈现自己内心所有的情绪，在很多特定的场景下，我们会有所顾忌，会刻意隐瞒自己的情绪，有时候是逼不得已的，有时候是假装坚强，有时候则是无奈之举。但不管出于什么原因，我们只能承认这样一个事实：不同情境会影响情绪及表情。

视觉冲击对表情的影响

我们常说：“眼睛是心灵的窗户。”在所有的面部器官中，眼睛是离心理最近的地方，它所看到人和事，将以最快的速度呈现给大脑，然后面部表情则会出现相应的变化。此外，在平时的表情呈现中，如果我们能从细枝末节中看出这个人的表情与心理是相悖的，那首先出卖他的就是其眼睛。因此，在面部表情中，眼睛是至关重要的。按照这样的观点，我们是否可以理解为，当某个人在隐藏其真表情的时候，我们可以给予对方强烈的视觉冲击，如此可以迫使其展现出真实的表情？

对于这个观点，在许多刑侦电视剧或电影中，我们已经看过许多次了。例如，一个犯罪嫌疑人刚开始都挺嘴硬，拿出一副打死也不说的表情，因为他知道这不过是警察对自己的威慑，只要自己保持正常的表情，不露出一丝破绽就行了。但当警察带领着他们去一个地方，见了某个共犯，或到了凶案现场，他们马上会露出一种视死如归的表情，因为他们知道，自己即便再隐瞒，也阻止不了案情的水落石出。最后，在这些视觉冲击之下，他们全部招了，这个案子也就破了。

第一次听说自己年轻时遗弃的孩子正在寻找自己时，王女士脸色很正常，嘴里说："我抛弃了他，他还来找我干什么？"旁人问："如果他真的寻来了，你会认他吗？"王女士摇摇头："我有我的家庭，他有他的生活，还是不相认才好。"但转过身，王女士就忍不住悲从心底来，她悄悄抹去了眼角掉下的泪水。当初遗弃孩子，实属无奈，在这么多年中，她无时无刻不在牵挂那个自己曾经遗弃的孩子，牵挂他吃得好吗，穿得暖吗，过得开心吗。

王女士继续过着正常的生活，她看上去没一点情绪波动。但就在那一刻，当一个英俊的少年拦住正要去超市的她，开口就喊："妈妈，我终于找到你了。"王女士一下子崩溃了，她再也无法装出一副若无其事的表情了。她的手提袋一下子掉在地上，嘴里喊道："孩子，孩子，是你吗？"母子两人相拥，泪水顺着王女士的脸颊流了下来。

不管王女士当初因何种原因抛弃了自己的孩子，但是她内心深处对孩子的挂念是无法改变的，毕竟血浓于水。虽然，面对旁人的追问，她总是能掩盖自己的真实表情，以此让别人以为她是一个狠心的母亲。但当那个孩子真的出现在她面前时，因为视觉的冲击，她再也没办法掩饰自己真实的表情了。不管是拥抱还是泪水，都体现着王女士深沉的爱。

在生活中，当发现某个人在欺骗我们时，如果想知道其真实的心理以及表情，那就去找一个可以刺激其心理的人或事，然后创造出一个场景，让其置身于这个场景中，那么再多的掩饰也会消失。在强烈的视觉冲击之下，他只会被逼露出自己的真实表情，而这正是我们所希望看到的。

第04章　微表情背后的真意：开心和悲伤的微表情

微表情背后藏着一个人最真实的心理，如那些关于开心和悲伤的微表情。例如，一个人很自然地表现高兴的表情，且其中不含有微表情，就可以判断这个人确实是高兴的。不过，如果表情间有微表情闪现，即便没有刻意去察觉，那给人的感觉也是这个人并不太高兴。

真笑与假笑的区别

笑是人们生活中用得最多的表情之一，因为生活中不能没有笑声，没有笑，人就容易患病。然而，那些形形色色的笑容并不都是发自内心的。嘴角上翘、眼睛眯起，这就是笑容。不过，在这些常态的笑容背后，到底映射着什么样的心理活动呢？在微笑中，我们如何才能看穿对方的真语与谎言呢？

假笑，顾名思义，也就是情绪与表情不一致的笑容，这表示当事人在撒谎。那么，通过对方所露出的微笑，我们怎么知道对方是在撒谎还是在说真话呢？

1.真笑的表情呈现

真正的笑容是嘴角上翘、眼睛眯起，这时面部主管笑容的颧骨主肌和环绕眼睛的眼轮匝肌同时收缩。这是因为真心露出的笑容是自发产生的，不受大脑控制。因此，除了反射性地翘起嘴角之外，大脑负责处理情感的中枢还会自动指挥眼轮匝肌收缩，这样使得眼睛变得很小，眼角自然产生了皱纹，同时，眉毛也会倾斜。

2.假笑的表情呈现

虚假的笑容是通过有意识地收缩脸部肌肉、咧开嘴，抬高嘴角产生的。这时，眼轮匝肌不会收缩，因为眼部肌肉不受人的意识支配，只有真的情绪出现时才会发生变化。当然，在生活中，有的人假笑很夸张，他的面部肌肉会收缩，整个脸挤成一团，给人造成一种眼睛眯起来的假象。不过，这时如果你仔细观察，就会发现其眼角的皱纹以及倾斜的眉毛是没办法伪装的。

3.真笑与假笑的区别：眼睛和嘴巴

在谎言快要被揭穿的时候，人们会习惯性地选择以微笑来蒙混过关。同时，还会出现这样的现象，当一个人在撒谎的时候，他笑容特别多，理由在于撒谎者的内心很不安，他希望通过微笑来缓和自己的紧张情绪，当然，这种虚假的笑容会掩饰自己的谎言，以及达到套近乎、笼络对方的目的。

美国加州大学心理学家保罗·埃克曼教授和肯塔基州大学的华莱士·V. 法尔森教授经过多年研究，设计出一套识别面部表情的编码系统，能够成功破解人们的真实表情，包括真笑和假笑。通过大量实验证明，内心喜悦所产生的自发笑容，与故意收缩面部肌肉所引起的假笑是不一样的。

真笑与假笑的区别在于：正常的笑容，通常都是先从微笑开始的，然后慢慢带动眼睛。虚假的笑容，嘴巴和眼睛则是同时动作，或者是嘴笑眼不笑。

如何辨识大笑的表情

有人说，笑容是最复杂的表情，这是一种很复杂的生理运动。微笑可以适用于各种社交场合，甚至可以在没有相应情绪的情况下，轻松地做出礼节性的微笑表情。对于这样的情况，捕捉、过滤和分析笑容也是不容易的。生活中，我们经常会看见大笑的表情，大笑时整个脸部都发生了明显的变化，甚至这样的表情超过了其他的表情，就好像痛哭一样。

在上面我们已经提到过了，不管是大笑还是微笑，都是由两组肌肉主导而成的。第一组是笑容专用肌肉——颧大肌，颧大肌十分专业，其作用是将嘴角向两侧拉伸、向上提起，主导促成了整个下半脸的全部笑容形态，其他肌肉的运动就开始配合这个主导动作。第二组是眼轮匝肌，这组肌肉在许多表情中都会作用，如厌恶、愤怒等。在大笑中，眼轮匝肌是不可缺少的，假如笑容中仅仅有嘴部的动作，而没有眼部的动作，那么整个笑容看起来就是虚假的笑容，类似于皮笑肉不笑。

那么，在大笑中，如何可以看出对方是否全身心地投入呢？

1.眼睛的变化

强烈的愉悦情绪一旦产生，就会触发眼轮匝肌的强烈收缩。这时在强烈收缩的作用下，笑容中最明显的变化就是下眼睑会凸出、变短，向上提升并遮盖部分虹膜下缘。与此同时，由于上下眼睑的互相挤压，鱼尾纹就会在眼角外侧出现。因为脸颊的隆起和提升，脸颊和下眼睑之间形成笑容特有的表情。

最关键的一处在于，大笑时眼睛的闭合大多数是从下往上的，下眼睑绷紧并向上闭合为主导，下眼睑的下压动作很小。而这样的形态只会出现在笑容中，在其他表情的眼睑闭合中，都是以上眼睑的动作为主导。

2.嘴和脸颊的变化

在大笑时下半脸主导肌肉是颧大肌，其强烈的收缩会将嘴角向两侧耳朵的方向拉伸，这让上唇提升并拉长，这时提口角肌、提上唇肌等其他与上唇相连的肌肉也会收缩，不过，这些动作并不会起到主导作用，而是在颧大肌的动作下配合运动的。上嘴唇在这些肌肉的影响下，几乎提升到最高位置，将上齿全部露出，甚至还会露出部分上齿牙龈。

大笑时下腭下垂，使嘴巴张开。与惊讶和恐惧表情不一样的是，大笑时的下巴不会下拉，而且会向颈部移动后贴。这时下嘴唇会被大幅拉伸，表面变得平滑，上唇的提升在颧大肌、提口角肌、提上唇肌和上唇鼻翼提肌的共同作用下，其提升程度充足，鼻翼两侧挤压出来的“沟”也特别长，但是，如果是虚假的笑容，其嘴部的动作就不会有这种程度的表情显现。

在大笑时，所需要花费的精力是不容置疑的。虽然同样是裂开嘴巴大笑，但以其细微的表情差异，我们还是可以看出对方是否在真心地大笑，或者说是否全身心地投入到其中。有可能对方一边在笑，一边却在想着其他的事情；也有可能他只是迫于情境需要才会放声大笑，对此，我们都要分辨清楚。

不同哭泣表情背后的真实心理

根据外界刺激源的力度和当事人抑制情绪的程度，可以把悲伤分为许多不同的等级：号啕大哭、正常的哭、抽泣、闭着嘴默默流泪、委屈、忧伤等。当然，如果是饱满悲伤情绪下的痛哭，是很容易辨认的，因为这样的表情特征是最清晰的。不过，其他不同程度的悲伤表现，我们就不那么容易辨认了。对此，我们可以从其哭泣的不同表现来解析他的悲伤，从其眉毛、眼睛和嘴巴可能会出现的细微表情窥探其真实心理。

1.闭着嘴痛哭

相比较痛哭的表情，有的人会闭着嘴哭，或许当他抑制不住的时候，会掩口哭泣。这样的表情，除了嘴部变化比较显著以外，额肌还会进一步加强收缩，将眉头向上提拉。双眉皱起，向中间聚拢。对此，我们所看到的表情呈现为双眉下压，眼睛紧闭。当然，没有人会张着嘴巴痛哭，即便是最擅长演哭戏的演员，他们所能做到的也只是睁着眼睛默默流泪。一旦悲伤情绪涌来，导致气息加剧，随之而来的动作就是紧闭双眼。

从这样一种哭泣的表现，我们可以看出当事人内心的悲伤是难以言说的，他是在本能地抑制自己的悲伤情绪释放，因此才会有“掩口”这样的动作。

2.号啕大哭

号啕大哭的表现为双眼紧闭，流泪，脸部抽搐，全身抑制不住地颤抖。这样痛哭的表现，定是刺激源力度强烈所造成的，如传来亲人去世的噩耗等，这样的特别情境就会出现号啕大哭的表情。

3.抽泣

我们通常所见到的抽泣表情是：一个人默默地坐在角落里，拿着手帕不断地拭泪，但整个过程中听不到哭的声音，只是看见眼睛红红的，听到因哭泣带来的鼻子喘息的声音。一个人在默默抽泣，那表示其内心十分委屈，这是一种憋屈，他不大声哭泣，是因为悲伤还没达到这个程度，意味着这样的情绪是可以化解的。

4.忧伤

神情忧伤，也就是这个人脸上有悲伤的痕迹，但却没有哭，有可能是哭过了，有可能是即将到达哭泣的情绪。忧伤的表情呈现为双眉下压，紧闭双唇，眉梢之间有一种抹不开的忧愁。当人们呈现这样的表情时，表示其处于即将达到悲伤情绪的边缘，他可能想到了某些不开心的事情，因此才会出现这样的表情。

不同程度的悲伤表情是不一样的，此外，由于刺激源力度不同，所带给人们的反应也是不一样的。因此，我们完全可以从一个人不同的悲伤表现中解析对方的悲伤程度。一个人哭泣的表现会随着外界刺激源力度的大小，以及人们抑制悲伤情绪的程度而变得不同。例如，当一个人遇到重大的家庭变故时，他内心的悲伤是极致的，但因抑制情绪的本能反应，他所呈现出来的表情可能就是闭着嘴哭泣。

刻意掩饰的悲伤表情

从心理学角度说，如果一个人处于悲伤情绪的状态，就需要寻找一个有效的渠道释放，如放声大哭，找最亲近的人哭诉，等等，让自己内心极度悲伤的情绪得到合理的释放，如此才不会给自己的身心带来危害。毕竟，过度的悲伤以及持续时间很长的平静的悲伤对人的身心是不利的，当一个人长期处于悲伤情绪中，孤独感、无助感就会不断袭来，最后，他的身心都会被悲伤渐渐吞噬，直至在悲伤中死亡。不过，在现实生活中，许多人却习惯于抑制自己的悲痛，“带着眼泪的微笑”就是很好的说明，这时我们该如何通过一些微表情来窥透对方的真实情绪呢？

在生活中，有时候人们前一刻还在痛哭，但马上就要面对家人、朋友，如果不想让他们担心，就会刻意地掩饰自己的情绪。例如，眼睛红红的，当对方问“怎么了”，他会回答“眼睛进了沙子”。而且，哭泣的声音是哽咽的，但当他想要掩饰的时候，会先润润喉咙，尽量让自己的声音听起来很正常。其实，再多的掩饰也会露出破绽，从声音的颤抖中，还是会辨析出他们的情绪是悲伤难过的，他们只不过是在自欺欺人罢了。

那么，在刻意掩饰悲伤情绪的时候，微表情有何呈现呢？

1.嘴部的变化

掩饰的哭泣与痛哭之间的区别在于嘴部的抑制，当紧闭双眼哭泣的时候，嘴部的动作是为了抑制发声，降低哭泣的音量。不过，所造成另外的结果是抑制能量的消耗，让悲伤持续的时间变长。在抑制的悲伤情绪中，需要张嘴发声哭泣，不过，主观意识想要掩饰自己的这一表情，它会要求紧闭双唇，这样就会让嘴唇很紧张，有一种向内的压力对抗向上和向外的力量，这样嘴部就会有轻微的抖动。

2.扭曲的眉形

当一个人在刻意抑制悲伤的时候，尽管他的表情很快会恢复到正常状态，但是，在眉头之间，扭曲的眉形还是会泄露其内心的秘密。扭曲的眉形是悲伤的典型形态特征之一，或许是由于来自痛哭和抑制的纠结，这样的扭曲形态极具感染力。同时，眉形的扭曲也表示着其内心的纠结与抑制。

通常情况下，当一个人的情绪自然而然地由内而外散发出来的时候，这样的表情是自然流露的，没有一丝伪装的痕迹。不过，当一个人想要刻意地抑制内心的某种情绪时，那么在表情的呈现中，就会露出一些伪装的痕迹，因为刻意，难免会在某些地方伪装不到位，以至于在微表情闪现中露出一些端倪。对此，当对方在刻意抑制悲伤情绪的时候，我们可以通过其呈现出来的微表情，仔细揣摩，定会窥探出对方的真实情绪。

读懂对方眼神里的伤痛

如果人们处于悲伤情绪中，眼睛睁开时会有变化。上眼睑的提升因被下压的双眉所抑制，皮肤上会形成一层褶皱，不过，这时眼睛的睁大没有恐惧时那么显著。这个细微的差别是睁着眼睛的悲伤与恐惧表情的重要区别。

人们在处于悲伤状态时，眼神也会有所不同。下眼睑比平时遮住更多的眼球，眼轮匝肌部分收缩，主要是下部分收缩，这会造成下眼睑提升变直。这个细微的表情变化会起到很大的作用，由于增加了虹膜被遮盖的部分，上下缘都被遮住得更多。在这样的状况下，眼睛的警觉状态就会在短时间内消失，眼神也会失去原有的光彩，瞬间显得黯淡无力。原因在于，黑白对比的减弱，以及眼球反光面减少而造成的感觉。因此，当一个人悲伤的时候，我们可以从其眼神中体味其内心的悲伤情绪。

小卓趴在阳台上，两只眼睛红肿着，昨晚哭了一夜，现在也该累了。她双眼不知道望向了何处，眼神黯淡无光，一双手无措地搭在窗边。

这时朋友梅子来了，小卓开门，脸上露出了笑容，但可以看出很勉强，因为她嘴角的笑容是略带僵硬的。小卓两眼望着天花板，呆呆地，不说话，梅子关心地问："你吃过饭了吗？这都到中午了。"小卓摇摇头，但眼睛还是望向别处，眼神空洞，好像整个人失神了一般。梅子看见小卓这样的情形，也摇摇头，看来这失恋的打击真是巨大。梅子看见乱糟糟的房子，就动手整理了起来，而小卓索性躺在床上，眼神里充满难以诉说的忧伤。

梅子收拾完了东西，坐到床沿，决定好好安慰朋友，她说道："失恋有什么了不起，比他好的男人多得是，你别伤心了，赶快起床梳洗梳洗，这样才有精神认识更好的男人啊。"小卓转过头，一脸苦笑，说道：“可是我脑海里全是过去我们美好的回忆，我没办法忘记他。”她眼睛里突然闪出一道光，似乎正在回忆过去幸福的瞬间，但很快那闪出的一道光就消失了，眼神瞬间变得黯淡。梅子继续说：“我知道你现在十分难过，但时间就是最好的药，等过段时间，你肯定会好起来，也会认识新的朋友，说不定还会找到新的合适的对象，过去的就让它成为记忆吧。”听了梅子的话，小卓看起来平静了很多，不过，眼神却依然没什么光芒，似乎还沉浸在失恋的痛苦中。

在这个案例中，有多处关于小卓忧伤的眼神的描写：“两眼望着天花板，呆呆地”“眼神空洞”等。这些其实都是小卓内心悲伤情绪的表情呈现。其实，当一个人处于悲伤的情绪中，不管他如何掩饰，我们还是可以从眼神中读出其内心的忧伤。

眼睛是最容易泄露内心情绪的表情器官，因为眼睛是不会说谎的。在日常交际中，我们要善于观察对方眼神的变化，通过其眼神的变化，窥探其内心的情绪状态。尤其是当一个人处于悲伤情绪的时候，他的眼神是没办法掩饰的，可以说，其内心能够泄露出来的情绪状态尽在眼神中。

第05章　微表情背后的真意：愤怒和厌恶的微表情

一个人的表情千变万化，读不懂别人的表情会在一些特定的时机给我们造成不必要的损失。在微表情中，愤怒和厌恶是较为复杂的。例如，我们通常会把鼻子的皱纹作为判断一个表情是不是厌恶的重要依据。

生气时眼神的呈现

有人刻画了这样一个饱含愤怒情绪的表情：双眉下压，紧皱；怒视，上眼睑提升剧烈，下眼睑紧绷；嘴巴用力张大，上唇紧绷拉伸，露齿；下巴降低；鼻翼提升，露出上齿，鼻孔扩张。在这段描写中，对于愤怒时眼神的字眼只有短短一句话“怒视，上眼睑提升剧烈，下眼睑紧绷”。或许，我们无法在脑海中刻画出这个形象，但读过武侠或侦探小说的人都不会忘记这样一句话“他那杀死人的眼神”。愤怒的眼神是极具杀伤力的，因为会透露出锋利的光，在武侠小说里，有人用眼神杀人，想必就是愤怒的眼神。

在面部表情中，眼神是最能传情达意的。不管是喜悦还是悲伤，透过眼神都可以摸清其内心的真实情绪。其实，愤怒也是一样的，当一个人在愤怒的时候，即便由于修养的关系，他会强压心头怒火，但眼神会出卖其内心。在一些职业场景中，我们只是看到镜片后老板犀利的眼神，就知道他定是在生气，自然不敢再动声色了，这样的生活案例其实就是典型的微表情。

那么，愤怒的眼神是如何形成的呢？锋利的目光到底又从何而来呢？

1.眼睑形态的改变

尽管上眼睑会在眼轮匝肌的收缩作用下向下闭合，同时受到眉毛下压的阻力，不过上眼睑的提升动作依然会由上睑提肌协同完成。所以，当两股相反的力量在上眼睑皮肤上相互挤压，就改变了上眼睑的形态，形成一道褶皱重叠。

2.锋利目光的形成

在通常情况下，人虹膜的上半部分会有接近1/4被上眼睑盖住，不过，在愤怒的表情呈现中，因为上眼睑的大幅提升，会露出较大面积的虹膜上缘，尽管上眼睑受到这层褶皱重叠的影响而变形，但我们可以猜测出，假如没有眉毛的下压而形成皮肤褶皱，上眼睑会越过虹膜，且不会盖住虹膜上缘。而在上眼睑被强力提升的同时，下眼睑因眼轮匝肌的收缩，轻微地提升，变直而紧绷，这让愤怒的眼神更犀利。

最后，当双眉下压、上眼睑提升、下眼睑同时提升的时候，锋利的目光就会从眼睛中喷射而出。

3.如何判断愤怒情绪的强弱

在生活中，我们会发现某些处于愤怒状态的人，其愤怒表情并不会这样，看上去眼睛睁得不是很大，虹膜露出也不多。其实，形成这种情形的原因在于，他可能只是有一点儿轻微的愤怒，程度并不强烈。因此，当我们需要判断对方愤怒情绪强弱的时候，关键不在于观察眼睛的大小或虹膜暴露的多少，而是观察眉毛、眼睑的形态组合。

当然，我们在上文中所描述的是愤怒表情所具备的基本条件，但并不意味着在现实生活中每一个愤怒表情都会有这样的条件。在生活中，表情是千变万化的，这也是我们所不能详细描述的。我们只需要记住一点，当一个人在愤怒时，不管他如何掩饰，我们都可以从其愤怒的眼神中感受到锋利的目光，以此调整自己的言行方式。

眉头隐藏人们心中的怒气

一个心中隐藏有怒气的人，其怒火会蔓延到眉头之中。在生活中，我们经常能见到发怒的人呈现出眉毛倒竖、眉角下拉、低眉等这样一些表情，其实，这也是当事者愤怒情绪的呈现。当一个人眉头微微蹙起，那表示其内心有怒火在燃烧。在愤怒的表情中，我们最容易忽视的就是眉毛的表现，大部分人会从脸色、音调、眼神、动作、鼻子等窥出对方是否在发怒，但他们往往忽视了最关键的地方——眉头。眉头是一个很容易隐藏真实情绪的地方，当一个人有意识地想要隐藏自己的情绪时，假如只是隐藏在眉头，而在其他地方却毫无表情，那我们要揣测其心思也是很不容易的。基于眉头可以有效地隐藏真实情绪，下面我们就来揭示眉头是如何隐藏当事者心中怒气的。

王经理是一位慈眉善目的老人，很少发脾气，不，应该是从来没发过脾气，因为公司上上下下从来没见过他发脾气。他说话的口气总是那么温和，神色总是那样亲切，甚至还会面带微笑。不过，熟悉王经理的人，都会特别记得他蹙眉的表情。

公司的职员小张就是见过王经理蹙眉头的人之一。那天，小张正在收拾东西准备下班，王经理路过办公室就进来看看，他先是看了看产品陈列，然后看了小张所记录的关于产品的笔记。小张有点儿得意，那可是自己熬了一个通宵才写成的，自己还打算啥时候拿着这笔记去向王经理邀功呢。可是，王经理看着看着，眉头就蹙了起来，摸不着头脑的小张轻声问道："王经理，怎么了，这产品记录有问题？"王经理放下笔记本，那蹙起的眉头还没松开，他开口说："小张，听说你是熬了一个通宵才做出来的产品记录。"小张点点头，王经理继续说："我很佩服你这种忘我的精神，但是，在工作时还需要严谨，尤其是在记录数据时，一定要保持高度的注意力，你应该知道，我们产品的正式生产就是以这些记录为依据的，一旦你疏忽了，那定会酿成不可挽回的错误。所以，在加班的同时，还需要注意休息，这个笔记，你再仔细地检查一遍。”

听到王经理的话，小张好像预感到了什么，他拿过笔记一细看，吓了一跳，原来他把最重要的一个数据弄错了，也难怪王经理会蹙眉头，原来是心中有怒，不过，好在王经理修养比较好，不轻易发怒，因此自己才轻易地躲过了一劫。

在生活中，眉头间的表情也蕴含着当事者内心的真实情绪。例如，低眉是受到侵略的表情，双眉下压是“怒不可遏”的表情，眉头倒竖或下拉，是极端愤怒或异常气恼。

双眉下压是愤怒表情的一个明显特点，这出现在许多人的愤怒表情之中。生物学家达尔文认为，眉头下压表示遇到了麻烦，同时，他推测眉头下压可以在注视困难时减少眩光，随后演变为不管遇到什么样的困难都会出现的习惯性动作。确实，当我们处于厌恶、困惑、为难、深思等情绪中时，我们的双眉就会不自觉地下压。

当然，单单是双眉下压还不能完全确定处于愤怒情绪，还需要观察对方眼睛是否睁大。当双眉下压，眼睛睁大了，就会自然而然地形成愤怒的表情。

抑制愤怒的微表情

当情境已经处于冷场状态，而当事人紧闭着双唇，这表示一种什么情绪呢？如果你足够熟悉愤怒的情绪，那么自然可以很快地将之归结为“愤怒”。或许，有人表示很费解，当一个人在愤怒时肯定会张口骂人，而在之前，我们也曾说到过愤怒的表情包括“露出牙齿”，为什么紧闭双唇也算是愤怒呢？我们这里说的紧闭双唇是正在抑制愤怒的情绪，并不是否认之前所说的“露出牙齿”是愤怒的表情这个说法。

只是凡事都会有例外，而且每个人愤怒情绪的呈现方式也不一样，有的人在生气时想要骂人，但也有人在生气时只想紧闭嘴唇，什么话也不想说，并不是他不想骂人，而是他在控制自己内心的愤怒情绪。所以，在生活中，如果遇到一些紧闭双唇的人，不要认为他们不想说话，这个想法有可能是错误的，因为有可能他正在强忍内心愤怒的情绪，在他周围，贴着“不要靠近我”的标签。

紧闭双唇，嘴部形态直接取决于三种肌肉，即口轮匝肌、降口角肌和颏肌，这三种肌肉都有收缩的作用，可以让上下嘴唇挤在一起。在紧闭双唇这个动作中，提上唇肌和降下唇肌并没有参与其中。噘嘴表示否认、勉强、为难、悲情，这是颏肌和降口角肌共同收缩的结果，口轮匝肌保持松弛。不过，假如口轮匝肌也参加到收缩的动作中，就会增加嘴唇闭合的力度，力度轻了就表示内心不悦，力度重了则表示否认的意义更加强烈，这便是抑制愤怒的状态。当他想要张嘴骂人的时候，就需要更大的力量来管住自己，不断告诉自己紧闭双唇才是最好的办法。

在愤怒时，紧闭双唇是怎样的表情呈现呢？

①上唇提升，由于提上唇肌和上唇鼻翼提肌的作用，鼻翼提升，鼻翼两侧出现沟纹。

②下唇向上，与上唇紧紧抿在一起，嘴唇变薄，拉伸成为直线，下唇凸出。

③由于颏肌的作用，下巴的未知肌肤隆起且不平坦。

④由于降口角肌的作用，嘴角下垂严重，这时的表情与抿嘴微笑的情况恰好相反，就好像嘴里憋着气，实际上也是这样，不过，所憋的是“怒气”。

在生活中，人们愤怒的表情通常会受到道德的约束，以及社交规则的紧张。否则，我们在愤怒时也会像动物那样对刺激源发出吼叫的声音，甚至有可能发生肢体的进攻动作。动物之所以有这样的行为，那是因情绪愤怒而被积压起来的巨大能量，需要找个出口发泄出去，这样才能保持身心平衡。当然，这是大多数动物才会采取的粗鲁行为，由于文明的不断渗透，人们在愤怒时往往会强忍怒火，紧闭嘴唇，以免自己出口伤人，出手伤人。

就我们自身情况而言，除了对最亲的人或者搏斗的敌人之外，平时我们生气了也不会张口乱骂。在大多数情况下，只是紧闭双唇，憋着一口怒气，等待事情的完结。当然，这样的状况是危险的，因为愤怒的情绪随时会爆炸，而且，由于紧闭双唇，脸色会变紫，面孔看起来像是非常愤怒的样子，这足以让对方感到恐惧。

厌恶表情的不同程度

厌恶也是有程度之分的，稍微轻一点儿的包括不屑、轻蔑，而强烈一点儿的就是厌恶，接近了厌恶的饱满情绪。当然，常见的厌恶情绪，诸如讥笑、不屑、厌烦等，都包括了厌恶情绪的微表情特征，只是在数量和程度上存在细微的差别。

小丽在办公室是出了名的“大嘴巴”，因此成了不受欢迎的对象，因为她总是把别人隐秘的事情说出来，作为自己的谈资笑料，这样一种特别的“嗜好”又怎么会受到别人的喜欢呢。

这天，小丽又在办公室“大嘴巴”了：“哎，你们先别忙着工作，我有重要消息公布，昨晚下班回家，你们猜我看到谁了，我竟然看到了经理开车送秘书回家。嗨，俩人站在门口谈了大半天，我猜两人之间肯定有不可告人的秘密。”听到这样的“大新闻”，同事并没有什么反应，一向自诩不管闲事的小张只是冷笑两声；而曾经遭受小丽“大嘴巴”伤害的小雯，斜看了她一眼，鼻子里发出一个“哼”，心想：像这种没大脑的人，经常拿别人的隐私作乐，自以为多了不起，遭殃的时候还在后面呢。而公司秘书的表妹也在办公室，她则是站起来，双眉下压，面部起了一些褶皱，然后摔门而去。

我们可以清楚地看到办公室里的人所流露出来的不同程度的厌恶情绪：小张的厌恶表情是最轻微的，因为刺激源对自己丝毫不构成威胁，他只是冷笑两声；曾经被小丽中伤的小雯则不一样，她的厌恶情绪明显加重一些，因为有着相同的遭遇，她自然会更加厌恶这样的行为；厌恶情绪程度最重的就是秘书的表妹，毕竟谣言中的人是自己表姐，对中伤自己表姐的人憎恶之极，因此她双眉下压，面部肌肤起了一些褶皱，这表示了其内心的厌恶，甚至很快转换为了愤怒，因为她马上摔门而去。

1.很轻松的否定

假如人们所听到或看到的东西刺激力度比较弱，难以激发出厌恶的情绪，只会让人产生不屑，也就是完全的轻视，除了看不起之外，根本就不用花费力气去憎恶。简直不屑一顾，连看都懒得看一眼，这是一种轻微厌恶。而且，由于内心完全放松，还会引发笑意，如冷笑、讥笑，其面部表情是轻松的。

2.中等否定

当我们所看到的东西带来的刺激力度加强时，就会产生轻蔑的情绪。在这种情绪中，有两层意思：一是觉得不怎么样；二是不想看到，太讨厌了。轻蔑的情绪表达了当事人对所讨厌的东西产生了自上而下的排斥感。这是一种发自内心的排斥，心态要稍微沉重一些。

3.用力否定

假如东西带来的刺激力度很大，就会让人产生强烈的厌恶情绪，这表示当事人十分讨厌刺激源，并试图远离。与愤怒情绪不同，当厌恶达到极点的时候，当事人不会有消灭刺激源的想法，他只是单纯的讨厌，很想远离这个刺激源，远离所有与此有关的东西。

在现实生活中，饱满的厌恶情绪是不会出现在人们的面部表情中的，也很少会有这样夸张的外在表现，除非是故意表演给别人看的。例如，当我们听到某个人所说的事情，为了配合其言语，我们会故意作呕，但这并不是真的厌恶情绪。因此，在现实生活中，那些由真实情绪所引发的厌恶表情，则保留了呕吐动作的脸部结构形态，不过，单就与呕吐相比，其表情呈现方式温和了许多。对此，每种不同程度的厌恶，都会表现为不同的表情形态。

反感与厌烦的表情呈现特点

反感与厌烦是厌恶的一种衍生情绪，它的程度比不屑要稍微重一点儿，比厌恶要稍微轻一点儿，可以说，它是厌恶情绪的前身。当反感、厌烦的情绪达到一定程度时，就会成为厌恶。因此，反感与厌烦的微表情多少也会跟厌恶相似，不过，程度会稍微轻一点儿。

上午，王小姐正在家里整理工作的资料，这时门铃响了。王小姐打开门，只见站在门外的是一个年轻人，王小姐脸上满是疑惑："请问你是？"年轻人满脸笑容，做了一个自我介绍："我是某某化妆品的推销人员，哦，小姐，你看起来真年轻，肯定不超过20岁。"实际年龄25岁的王小姐笑了笑，毫不在意，眼神有些轻视："对不起，我对你推销的化妆品不感兴趣。"说着就要关门，但那个年轻人急忙拦住了，一只手搭在门框上，说道："可以再听我说说吗？我们推销的化妆品，并不是市场上所卖的那种，这个绝对是纯天然的，对你的皮肤一点儿损害都没有。相信我，我不会骗你的。"看着如此执着的推销员，王小姐只好说："可是，我已经买过化妆品了，现在不需要了。"年轻人还是不肯妥协："你可以试试我们的化妆品，有了比较你就会知道哪种比较好，我相信，你一定会喜欢上我们的化妆品的。"

王小姐有些不耐烦了，她双眉下压，紧闭着嘴唇。顿了一会儿，开口说道："谢谢你的推销，可我真的不需要任何化妆品，正如你所说，我看上去这样年轻，根本用不着化妆品，所以，谢谢你，请你离开吧。"说完，双手拉过门，关紧了房门。等来到书房，王小姐不耐烦地嘀咕着：真是，也知道你很不容易，但总让人厌烦，怎么会不反感呢?

在这个案例中，我们可以清楚地看到王小姐渐渐地从不在意，到反感、厌烦，其内心的情绪一一显示在其表情上。刚开始，她还是客气地表示："我对你推销的化妆品不感兴趣。"但随着那位年轻人的不断纠缠，王小姐显得很不耐烦了，她双眉下压，紧闭着嘴唇，下了逐客令。我们可以看到，在这里，双眉下压，紧闭着嘴唇，就是反感与厌烦的微表情特点，这与厌恶表情有些相似，只是在程度上有所不同。

反感与厌恶是一种负面情绪，表示着人们对于听到或看到的事物心生不快，他已经开始反感了，继而下一个情绪就是厌恶。因此，在人际交往中，当我们与他人进行言语交谈的时候，一定要注意其表情显现。当我们说到某些事情，对方脸上显露出反感、厌烦的情绪时，那我们就要小心应付了，这时需要及时转移话题，化解对方内心的不快，这样才能达到交际的目的。

不屑与轻视的表情呈现特点

在上文中，我们已经说过，不屑与轻视是一种轻度否定的情绪状态。这表示外界所传递过来的刺激源对当事人并不构成威胁，甚至当事人对此根本不屑一顾。其内心的情绪是轻松而畅快的，因此，在表情上才会呈现出一种不屑与轻视。

下面，我们就来一一解析不屑与轻视的微表情特点。

1.轻视的微表情特征

当外界的刺激源力度降低时，厌恶表情的程度也会随之降低。当我们内心的排斥状态少或降低一些的时候，由上唇鼻翼提肌主导的表情就会转变为上唇肌来主导控制，脸部的变形程度整体上也就会变得轻一些。

①皱眉肌会收缩，形成轻微的皱眉纹。

②眼轮匝肌轻微收缩，造成眼睑紧张，轻微闭合，同时造成双眉轻微下压的状态。

③提上唇肌主导收缩，上唇向上提升，这时鼻翼被间接向上提升并向两侧拉伸，在鼻翼两侧形成浅一点儿的沟纹。

④下唇没什么特别显著的变化，双唇有可能保持闭合，也有可能分开，不过这个动作比较轻微。

在这里，我们可以清楚地看到，表情中的肌肉运动已经整体减弱，最明显的特征为提起上唇、提升鼻翼和随之形成的鼻翼两侧沟纹，其次比较突出的特征就是眼睛和眉毛。这样轻视的表情可以说是强烈厌恶表情的改进，其内心在极力克制这样的情绪。通常情况下，产生这样情绪的原因，有的是对外界丑陋的外形或笨拙的思维或动作，以及对没品位的一种轻视。

2.不屑表情的微表情特征

不屑表情的微表情特征是讥笑和冷笑，程度最轻的厌恶表情是完全地看不起，不屑一顾就是对这种情绪最好的表述。在不屑表情中：眉毛不再皱起和下压，眼睛也没什么变化；只是提上唇肌轻微收缩，上唇轻微提升，上唇线略微拉平；因为提上唇肌的作用，鼻子周围变化比较显著。鼻翼轻微提升、侧拉，鼻翼两侧与提升的脸颊形成了一些沟纹；而且由于内心比较轻松，嘴角会有笑意。

在某些时候，因通过比较而出现的强烈优劣对比，人会因自己的优越感而导致上唇提起，这时连带的嘴角也会上扬，看起来就好像是一个不完整的笑容。甚至，某些人为了表达内心不屑的情绪，会增大笑容，这显然是特别而为之的。

（1）讥笑

在讥笑时与上扬嘴角同侧的眼睛也会有所呈现，眼睑在眼轮匝肌的轻微收缩下做出一定程度的闭合动作：轻微提升的脸颊和收缩的眼轮匝肌，在下眼睑下方挤压成一道很浅的沟纹。在通常情况下，还会配合一次轻微而快速的呼气，可能通过鼻孔，也可能通过张开的嘴角。

（2）冷笑

冷笑是一种常见的不屑表情，它与讥笑表情之间的差别就是在冷笑表情中，看不到眼中的笑意，也就是说，眼睛并没有参与到这种表情中。我们所看到的就是嘴角的不完整的笑容形态。

通过对不屑与轻视的微表情的分析，我们知道，在所有厌恶情绪的面部表情中，都存在一个同样的特征，那就是上唇提升、鼻翼随之提升，鼻翼两侧出现沟纹，而其中的差别在于肌肉运动的程度和其他面部器官的配合程度。

第06章　微表情背后的真意：惊讶和恐惧的微表情

通常来说，一个人的惊讶表情都是十分短暂的，可以说转瞬即逝。持续的时间不会太长，惊讶表情之后，可能变成惊喜，也可能变成惊吓，这其中就显露出恐惧的表情来。当然，惊讶是十分短暂的表情，马上就会转变为下一个情绪状态。

惊喜的微表情特点

惊讶情绪所产生的刺激源十分简单，也就是当事人所关心的意外变化。由惊讶和惊喜所组成的复杂表情——惊喜，简而言之，也就是意外之喜。我们先来剖析惊讶情绪的表情呈现：额肌充分收缩，双眉大幅度提升，通常情况下，年龄较大的人，其前额会产生水平的皱纹；而年纪较轻的人，前额可能平坦，没有皱纹；上睑提肌收缩，在额肌收缩的共同作用下，上眼睑大幅度提升，眼睛睁大，露出虹膜上缘的眼白部分；嘴巴不自觉地张开，配合一次快速吸气，只有下唇在下腭的带动下自然向下轻微张开，嘴唇表面皮肤不会变紧，不向两侧拉伸，这就是惊讶的表情呈现。

至于喜悦的表情，我们在前面已经详细描述过了。结合惊讶和喜悦情绪的表情呈现，我们可以得出惊喜情绪的表情呈现：上眼睑的上提和虹膜上缘的充分露出，证明了惊讶情绪的存在，同时面露笑容，表示对于意外之喜的喜悦之情。如果用文字解释，那就是：在不足一秒的快速惊讶之后，发现刺激源是积极的，且力度很大，可以让人产生强烈的满足和愉悦，这就是惊喜。实际上，惊喜的表情关键在于眉梢和嘴巴：眉梢上扬，表示内心的喜悦；嘴巴轻微张开，表示惊讶。

晚上8点，小雯无聊地摆弄着手机，有一句没一句地跟远在老家的男朋友聊天。男朋友发来信息："你在干吗呀？"小雯没好气地回了一句："无聊啊。"发完了信息，她索性躺在床上微闭着眼睛。

这时传来了一阵敲门声，小雯打着哈欠问："谁呀？"门外没有回答，但放在一边的手机却响了起来，小雯拿起手机，一看是男朋友，他打电话干什么呢？接了电话，只听男朋友说："宝贝，开门。"小雯一个箭步跑过去，拉开房门，发现满脸疲惫的男朋友站在门外，小雯嘴巴微张着，眼里满是惊讶：你怎么会在这里呢？男朋友双手递上玫瑰花，说了一声："亲爱的，情人节快乐！"小雯笑了，眉梢上扬，嘴角露出一丝微笑，一把搂住了男朋友的脖子。

在这个案例中，小雯惊喜的表情一展无遗：嘴巴微张、眼里满是惊讶、眉梢上扬、嘴角露出一丝微笑。本来，看到男朋友站在门外，小雯首先是惊讶：远在老家的男朋友怎么会在这里呢？

然后，看到男朋友递上的玫瑰花，才知道男朋友不远千里来看自己，只是为了陪自己过一个情人节，在那一瞬间，她内心有一种喜悦的幸福感在悄悄弥漫，也因此才会露出这样的表情。

在惊喜情绪呈现的时候，眉梢的表情先是绷紧，然后是舒展开，眉梢上扬。相对于这样简单的表情转换，嘴部的动作就复杂多了。在看到意外之景的那一刹那，我们并不能判断这件事情是好还是坏，会不会带来什么麻烦。这时多年积累下来的经验就是先吸气准备好能量，在一瞬间的惊讶之后，假如这是件坏事，那就选择逃离或战斗，但这样的行为会消耗我们大量的体力，哪怕是表面不动声色，但脑子里也在飞快地想着到底该怎么解决；假如这是件好事，就像案例中小雯所遇到的那样，在惊讶之后，就可能疯狂地冲上去欢呼雀跃，表达自己的惊喜之情。

眼神中的不可思议

惊讶，也就是惊奇、惊异的意思。惊讶，应该是先从眼睛开始的，因为只有眼睛看到了某些意外的场景，人们才会露出惊讶的表情。因此，在“惊讶”这个表情中，我们可以感受到对方目光中的不可思议。

心理学家分析，假如没有特别意外的场景出现，我们眼里是不会露出惊讶表情的；假如生活中的那些事情是按照正常秩序发展的，我们也不会惊讶。可以让我们露出惊讶表情的，一定是意想不到的事情，就是我们想破脑袋也想不出来的事情。这样的事情被我们称为意外的刺激，一旦大脑接受到这种信息，那我们本来正常的目光就会变得不可思议，与此同时，我们还会摇动自己的头部，以此配合“不可能”“不可思议”的表情。当我们在一个人的眼神中看到了不可思议，那就可以断定，这个刺激源是他没有想到的，引起了他的警觉，这样的刺激源是有分析价值的。

小月是公司的总经理，从大学毕业到现在，她一直就职于这家公司，从一个普通的小职员坐到了公司总经理的位置，这对于小月而言，本身是很不容易的。相比较那些依靠关系进公司的公子小姐，她更珍惜自己现在的成绩。

然而，在公司周一的例会上，她却意外地遇到了一个人。在开会之前，董事长就把小月叫到了办公室：“今天我们公司来了一位新同事，未来你和她就是咱们公司的左臂右膀，我希望你们能好好相处，争取把公司做好做大。”小月点点头，不过，她没有想到，这位即将到来的同事就是自己昔日的朋友——娜娜。当董事长将娜娜介绍给自己时，小月眼睛睁得很大，目光里满是惊喜，没想到毕业这么多年还会再见昔日的朋友。而娜娜的目光中也满是不可思议，她没想到，昔日那个自己看不起的“农村丫头”竟然成了公司的总经理，伴随着不可思议的目光，娜娜不自觉地摇摇头。不过，两人那惊讶的目光只是一闪即逝，随后便是一个示意的微笑。

在两人碰面的一刹那，彼此目光中都满是不可思议，但两人目光中的含义却是不同的。小月所惊讶的是，竟然在多年以后还能见到自己昔日的朋友，那是一种惊讶和喜悦的复杂情绪；而娜娜所惊讶的是，自己曾经看不起的“农村丫头”竟然成了公司总经理，这是纯碎的惊讶情绪。

心理学家提醒朋友们，当一个人的内心涌动着惊讶的情绪，那最先呈现出来的应该是其眼神。不可思议的目光、扩张的瞳孔，都使得整个表情看起来更生动、更形象。眼神所传递出来的信息是复杂的，同时也是最直接的，因为清澈的眼睛是不会欺骗人的。因此，如果我们想判断对方是否正处于惊讶的情绪中，那首先应该观察其眼睛是否放射出不可思议的目光，继而判断他是否处于惊讶之中。

惊讶典型情绪的表情组合

表情组合，顾名思义，就是两种或两种以上的表情组合到一起。这本身是一种复杂的表情，由于不同情绪的相继出现，从而呈现出一种复杂的表情。例如，悲愤交加，当一个人在悲伤的时候，竟然出现了一件让他生气的事情，于是乎，原本悲伤的情绪有所消减，继而增加了一种愤怒的情绪，这样所呈现出来的表情就是悲愤交加的表情。

对于"惊讶"这种典型的情绪，与其他情绪也会有一些组合，下面我们就简单地介绍几种。

1.惊讶转厌恶

惊讶与厌恶也可以组合成一个整体的表情，假如我们见到这样的表情，仔细观察其上眼睑形态，可以看到上眼睑线在眉毛的压力下呈现出明显的转折。假如没有这条直线，上眼睑就会提升很高，虹膜也会露出很多，这个微表情形态特征则表示了惊讶情绪的存在。厌恶表情的典型特征就是皱眉、较深的鼻唇沟。一旦这个形态特征加入到惊讶中，就会出现惊讶和厌恶这个组合表情。当然，在实际生活中，这样的表情是很细微的，并不会太明显，如果不仔细观察，那么就难以发现这是两种情绪的组合表情。

2.惊怒

惊讶和愤怒两种情绪的组合表情呈现为瞪大的眼睛，虹膜几乎全部露出，这是惊讶微表情的形态特征。然后仔细观察，我们会从中找到愤怒表情的影子：上扬的眼睑被下压的眉毛抵住，遮住了部分虹膜，且形成了厚的眼睑皮肤褶皱，也就是我们常说的"三角眼"的斜线。双眉下压和上眼睑提升的组合，这是愤怒表情的典型形态特征。如果有人在此时做出这样的表情，那我们会联想到一句常见的台词：“你说什么？”

3.惊讶转悲伤

在生活中，如果我们一不小心闯了祸，或者知道了不好的消息，就会从惊讶的表情转为悲伤。眉毛下拉，眼神哀伤，但眼睛睁大，虹膜露出大半，这是惊讶的微表情特征。双眉下拉，嘴角下撇，这是悲伤的微表情特征。例如，有个人曾一度迷恋上某款智能手机，一日因为用力过猛，手机从保护壳中应声飞出，结果，本来光滑的触摸屏上摔出了一簇簇玻璃碎纹，在这个瞬间，他脸上的表情就是惊讶转变为悲伤的经典过程。

通常情况下，组合情绪的表情呈现中，既会有前一种表情的痕迹，也会有后一种表情的痕迹。我们在观察对方面部表情的时候，应该仔细地观察眉梢、嘴角、上眼睑等，不错过任何一个细微的表情，以此才能分析出对方处于哪两种交织的情绪中。

惶恐不安表情中的恐惧

范晔在《后汉书·杜诗传》中有：“诗自以无劳，不安久居大郡，求……奉职无效，久窃禄位，令功臣怀愠，诚惶诚恐。”对于“诚惶诚恐”这个词语，我们听得最多的是古代臣对君的一种尊称，如“臣惶恐”。因此，这个词语最早是用于封建官员给皇帝上奏章时所用的客套话，表示敬畏而又惶恐不安。在现代，则形容尊敬、服从或泛指心中有愧而恐惧不安。与此意义相同的词语有“惊慌失措”“惶恐不安”“胆战心惊”等。

我们可以根据“诚惶诚恐”的意思，窥测出这是一副什么样的表情。本意是恐惧的意思，但却透露出一种毕恭毕敬的表情，也就是敬畏而又不安。其表情呈现为双眉下压并紧皱，眉头上扬，上眼睑尽力提升，这是因为当人们遇到具有威胁的负面刺激源时，不管是想战斗还是想逃跑，都会尽量看清刺激源。不过，因为眉毛用力方向的不同，上眼睑皮肤上挤压形成的褶皱角度不一样，有时候，在一些人的脸上看不到清晰的眉头上扬，眉毛仅仅显示为水平状态。当然，如果一个人露出诚惶诚恐的表情，其实，其表面上呈现出来的更多的是一种敬畏的表情：低着头，眼光不知道该看向哪里。而惶恐的表情则是隐藏在其中的：说一句话用眼角瞄一下对方的反应，每当对方说一句稍微重一点儿的话，那他的额头就会因内心的不安沁出汗水，紧攥着的手心也全是汗。

诚惶诚恐所流露出来的恐惧情绪，表明外界所传递过来的刺激源是良性的，也就是说这个刺激源可能会带来威胁，但那只是良性的威胁，就好像下属被领导训斥一样，虽然，这样的事情是略带威胁的，但毕竟不能给我们带来真正的威胁。因此，在表情呈现中，为了不让对方感觉到自己内心的恐惧，当事人会更多地流露出毕恭毕敬的表情，以此显示自己的尊敬。

解析饱满的恐惧情绪

胆战心惊是一种饱满的恐惧情绪，也就是非常害怕。而且，我们会发现，当一个人极度恐惧的时候，其脸色苍白，浑身无力。实际上，出现这种情况是可以解释的：在医学上，如果是胆病，胆气就会上扰心神而出现心悸不宁，惊恐畏惧，嗜睡或不眠等症状。当人们受到外界的惊吓或刺激的时候，胆子较小的人会胆汁失调，导致心惊胆战，然后通过神经细胞传到大脑，由大脑通到全身，这时不仅会心惊，还会全身发抖，出现慌张恐惧的状态，如脸色苍白，浑身无力。

这天，闲来无事的小娜和朋友决定去游乐园玩。不过，游乐园已经去过很多次了，每次都玩那几个项目，小娜都玩腻了。她觉得这次一定要玩刺激点儿的，听说“鬼屋子”还不错，那里面是人为制造的恐惧，听起来就蛮刺激的。

买了票，小娜和朋友就大着胆子前进了。那是一条凹凸不平的道路，不带一点儿光亮，小娜害怕地牵着朋友的手，胆战心惊地向前走着，这时，突然从右边闪出一个人样的东西，小娜吓得尖叫一声，急忙躲到了朋友身后。朋友开玩笑地说：“你刚才不是挺胆大的吗？怎么，现在就不行了。”小娜感觉到自己手心全是汗，幸亏自己是跟朋友一起来的，否则非得吓晕不可。不过，这只是前奏，一会儿飞来一个白衣的鬼面人，一会儿传来一阵恐怖的声音，还有一些血腥的画面。在前进的过程中，小娜的尖叫声连连不断，到最后，她已经发不出任何尖叫声了。

总算出了那狭窄的洞穴，这时朋友才发现：小娜脸色苍白，没有一丝血色，浑身软绵绵的，整个人就好像虚脱了一样。如果不是朋友及时扶住她，估计她会马上摔倒在地。

人的胆不仅主决断，而且与心主神密切相关。尽管人的精神活动由心主管，不过其他脏腑也参与其中，不同的脏腑所起的作用也是各不相同的。可以说，心对精神活动起着主宰的作用，而胆则起了决断的作用。胆战心惊，是因恐惧所引起的脏腑反应，如吓坏了胆，心悸不宁，等等，都是这样的一种情绪反应。这是因胆和心都受到了恐惧情绪的影响，出现在其身上的反应则是脸色苍白，不带一丝血色，浑身无力，像经历过一次恶斗一样。

当内心的恐惧情绪达到一个极点的时候，其身体会出现病状的反应：脸色苍白，浑身无力。这是因为在某些时候，情绪是可以影响到一个人的身体健康状态的，当某种负面的情绪达到饱满的时候，就会让身体出现一些诸如病状的反应，这就是为什么当一个人胆战心惊的时候，会出现苍白、无力这样的状况。

看穿对方有意掩饰的恐惧感

当一个人处于恐惧情绪之中的时候，因害怕自己过度的恐惧会让身边的人看笑话，于是，他会有意识地克制自己的恐惧。不过，即便是这样，其脸上还是会有微表情显露出来，如手心中的汗水，额头上的汗珠，眼神中的恐惧，颤颤巍巍的脚步，僵硬的表情，等等。这些都是恐惧情绪的微表情呈现，如果我们不仔细观察，是难以发现其中细微差别的。

周末，小张和女朋友相约去野外郊游。两人带了充足的粮食和水，开着车去了郊外的一片山区。那里本来是一片隐蔽的树林，不过，近几年开发出来做了一处休闲的地方。把车停下来，两人往树林深处走去，这时，他们看见了一块牌子——行人驻足，小心前方有野兽出没。“野兽？这里距离市区这样近，怎么可能有野兽呢？”小张轻松地笑笑，本来，看到这块牌子女朋友还心有余悸，但在小张轻松的笑容之下，她也不再害怕了。

两人走到树林深处，寻找到了一块空地，把旅行包放下来，小张说道：“这里的空气真新鲜，好像嗅到了泥土的芬芳。”两人席地而坐，开始吃东西、喝水、聊天。

不知道什么时候，小张突然发现不对劲，好像有什么东西盯着自己。他环顾四周，什么也没发现。不可能啊，明明感觉有东西看着自己，他再次仔细地查看，结果，从树林的缝隙里看到了一双动物的眼睛，虽然他不知道那是什么东西，但一种由外而来的威胁感袭来，小张不顾一切地拉起女朋友的手就跑。女朋友害怕极了，浑身颤抖，小张一路安慰："没事的，别怕，有我在身边。"他双眉下压，嘴角不住地颤抖，甚至来不及回头看那东西追过来了没有，只顾朝前跑。终于，看到车子了。他慌张地使劲拍打车子的玻璃，女朋友在旁边提示："车钥匙。"这时小张才想起揣在兜里的车钥匙，他哆哆嗦嗦地掏出钥匙，才发现自己手心全是汗。

在案例中，小张的恐惧看似没有显露出来，因为在紧急关头，他还知道拉着女朋友奋力逃命。但是，"双眉下压，嘴角不住地颤抖""慌张地使劲拍打车子的玻璃""手心全是汗"，就是其恐惧微表情的显露。

毫不掩饰的恐惧表情为眉头向中间聚拢、上扬、眼睛睁大、张开嘴。这样的面部表情一览无遗，我们可以清楚地看到这个人处于恐惧情绪之中。不过，假如当事人有意掩饰自己内心的恐惧，我们在其面部表情中就不会看到饱满的恐惧情绪特征，只能从细微的一些表情入手，发现其内心的真实情绪。

第07章　复杂表情背后隐藏的真实心理

一个人的脸部可以传输信息，相当于媒介和信息传输器。当我们在观察一个人的复杂表情时，可以发现很多的信息，如下意识的笑容、不经意的皱眉等，通过一闪即逝的微表情获得更加丰富的信息。

主要表情与细微表情

不知道你有没有仔细观察过，在每一个主要显露的表情之中都会有一个细微的表情显现出来。只是这个细微的表情往往隐藏在面部表情之中，若是不仔细观察，是难以发现其中的奥妙的。最为关键的是，那些主要显露的表情之下的细微表情才是其真实情绪的呈现，那些微表情就隐藏在眉宇之间、眼神中、嘴角边，如果不仔细观察是发现不了的。这样一来，我们就很容易被人欺骗。

细微表情是情绪的外部表现，这是由躯体神经系统支配的骨骼肌运动，是感情活动的外显行为，它所反映的是一个人的心理。我们可以说，表情是无声的语言，人们在与人相处的时候，即使想掩饰自己内心的想法，但还是会下意识地从细微表情中表达出自己的情绪。对此，在与人接触的时候，我们需要仔细观察对方的神态，从细微表情中把握对方真正的想法。

在所有的生物中，人的表情是最丰富，也是最复杂的。据统计，人的脸部能做出的表情多达25万种，恰恰是如此丰富的表情使得人们之间的交往变得复杂而细腻。在生活中，我们常常发现人们脸上的表情跟其内心的情绪恰好相反，这是为什么呢？

其实，这是人们在潜意识里不愿意让对方看出自己心理的变化，他们会用看上去比较自然的表情来阻止自己内心情绪的外泄，以此来隐瞒自己的真性情。那么，我们是不是就不能窥破对方的真实心理呢？当然不是，狄德罗在《绘画论》中说道："一个人，他心灵的每一个活动都表现在他的脸上，刻画得很清晰、很明显。"

显露表情不一定是真实情绪

有人说，面部表情是内心活动的真实写照。通过面部表情的变化可以窥探其动机，把握情绪变化的尺度，了解其情感互动的根源，因为表情是心灵信息传递的显示器。可以说，在人的心理活动中，表情最能直接反映出一个人的情绪，假如借助面部表情来推测一个人的内心活动，就可以帮助我们在交际中更加了解一个人的内心世界，进而掌控其心理，以达到自己的目的。不过，在某些特殊情况下，只是粗略地观察对方的表情，并不足以了解对方的内心世界，因为一个人脸上主要显露的表情并非真实情绪。

在公司里，小李和小张是死对头。虽然平时两人见面也互相打招呼，却是各怀心思。

这天，因领导要求，小李和小张合作拟写出一份产品报告。小李露出满脸的笑容，说道："在公司里，谁不知道你文采最好，我觉得这写的工作就交给你了，我只需要把大概的内容说给你听就行了。"听了小李的话，小张暗暗发笑：这小子太精明了，到时候交给领导，他肯定会说这个报告都是他的功劳，我只是负责代笔而已。但表面上他不动声色，依然是一副笑脸，回应说："这怎么行呢？到时候累倒了你，我可担当不起啊，我觉得，咱们一起想，然后一人写一半，这样才算是合作。"小李笑声变大了，眼神却很不屑。

在这个案例中，虽然小李和小张脸上所呈现出来的表情都是"微笑"，但这微笑并不是其真实情绪，两个人分明各怀心思，都在想着如何打倒对方，以此达到自己的目的。虽然他们都在笑，但眉眼以及言语的语调中，却可以听出另外一番意味。

每个人在呈现自己表情的时候，潜意识都会有一种掩饰内心真实情绪的想法。如当他们心里感到苦闷的时候，反而会露出微笑；当他们感到心情很愉悦的时候，假如决定于特别的情境，他也会装出一副哭脸。而在平时的生活中，我们大多数粗略观察到的就是喜、怒、哀、乐，这到底是不是当事人的真实情绪呢？还有待查证，人们之所以呈现出一种主要的表情，是为了掩饰自己不小心露出的微表情，也就是为了迷惑对方。对此，一个人脸上所显露的表情并不代表真实的情绪。

生活中，人们通常凭借自己面部主要显露出来的表情来迷惑他人，如他想在人前展示友好的一面，就会露出笑容，而虽然我们所看到的是一张笑脸，但其真实情绪却并非如此。说得俗一点儿，这样的表情是做出来的，是虚假的。因此，在生活中，我们需要从其主要显露的表情中去发现其中的微表情，这样才能推测其哪句话是真，哪句话是假，以此来判断真话与谎言。

笑容也会成为谎言掩饰物

在日常交际中，有时候人们脸上会莫名地露出一些笑容，这时我们就应该注意了，因为有些笑容是用来掩盖谎言的。人们在撒谎时为什么会露出笑容呢？或者说，为什么会借助笑容来掩饰自己呢？当人们撒谎的时候，第一感觉就是不要被人发现，因为撒谎本身对别人而言是有欺骗性的，但如何才能掩盖自己那些不小心露出的微表情呢？笑容，也只有笑容才能掩盖那些微表情。

在人们看来，笑容是毫无威胁性的，如果自己在撒谎时露出笑容，那么不仅可以骗到对方，而且能够让对方对自己产生好感。所以，在生活中，我们不要总认为笑容就是善意的，而是需要读懂笑容背后的秘密。

早上，小张上班时在电梯里碰到了经理秘书小雯。小张想起了昨天的考核，心想，小雯肯定知道结果，不妨问问她，自己心里也好有个底。

于是，小张打了个招呼："早啊。"小雯礼貌地回应："早。"小张接着说："这两天很忙吧。"小雯回答说："是的，你们最近正在考核，很多资料都需要收集，所以每天还得加班。"听到这样的回答，小张高兴了，估计她真的知道考核的结果。接着，小张有些兴奋地问："那你肯定知道考核结果了，你知道我的情况怎么样吗？先给我透露透露，我也好放下心。"小雯笑了："你们的考核结果是机密，这样的事情我肯定不知道了，我只是负责收集资料。"小张有些泄气："肯定是你自己不想说。"小雯笑了，回答说："我是真的不知道。"

电梯到了，一脸抑郁的小张走了出来，紧接着小雯也走了出来。出了电梯，小雯舒了一口气：真危险，再说，我可要露出破绽了。原来，小雯知道考核的一些事情，但经理再三交代过，不等总的结果出来，不能随意泄露。为了守住这个秘密，小雯只好假装一副笑脸，在小张面前撒谎了。

当人们想要撒谎的时候，会想着找一个很好的掩饰物，这样自己在撒谎时才能镇定自若。而在上面这个案例中，小雯所借助的就是一张笑脸。当她在微笑的时候，潜意识里告诉自己：我只是在微笑，我并没有撒谎。以至于自己真的撒谎了，她也会觉得自己没有撒谎，于是乎，撒谎变成了一件极其正常的事情，她就不容易露出破绽了。

可以说，笑容是一个很好的谎言掩饰物。当人们露出微笑的时候，对方是不会感到受威胁的，即便他隐约感到对方是在欺骗自己，他也会被那个笑容所感染，因为他觉得对方的态度已经很友好了，肯定没有欺骗自己。所以，当人们带着笑容撒谎时，是很不容易被人察觉的，对此，在生活中，我们需要特别注意，小心对方笑容背后的谎言。

观察对方的笑容

笑容的力量是无穷无尽的，如达·芬奇举世闻名的画作《蒙娜丽莎》。画像中蒙娜丽莎的神秘微笑让人看后顿觉心情舒畅，对她产生好感。一个拥有无穷魅力的人，一定也是一个能时时展现出迷人笑容的人。此外，笑容也是一种传达内心情感的途径，如果你想深入了解对方，想明白他此时的心情如何，那么不妨试着从观察他的笑容入手。

李雷是一名推销员，主要从事健身器材这一块。

有一次，李雷来到一个小区推销他的产品。到了第一个客户门前，他刚按响门铃，门还没打开，就听到一阵爽朗的笑声从门里传了出来：“哈哈！谁敲门呢，好像有客人来了？”

客户打开门一看，发现是个陌生人，并没有觉得吃惊，而是微笑着问他有什么事。李雷做了一番自我介绍后，那位客户就一脸微笑地把他请进家门，并给他倒了一杯果汁。

喝完果汁后，李雷开始暗中观察这位客户。他发现这位客户身宽体胖，脸上总是挂着笑容，想起他刚才那爽朗的笑声，李雷认为这是一个性格开朗乐观、热情好客的人，可以适当地跟他开开玩笑，如此一来，就可以打破谈话的僵局。

于是，李雷面带笑容地说道：“大哥，我看您像是一尊佛，您的肚子里面肯定放了不少开心事，您一直笑哈哈的，一看就是大富大贵之人啊！”

客户听李雷这么一夸，马上拍着自己的肚子哈哈大笑起来：“哈哈，您真是过奖了，我怎么能跟佛相提并论呢，我确实是天天乐呵呵的，但是我的大肚子装的却不是别的，是脂肪啊，哈哈哈。”

李雷见时机成熟，便趁机说道：“那也没关系，如果您信得过我，我可以帮您推荐一款健身器材，保证一段时间后您的多余脂肪就会被甩掉，您的身体会更强健，您的笑声也会更爽朗。”

李雷的一番话正合客户的心意，谈到最后，客户果然同意购买一套适合自己的健身器材。

如果有的人习惯爽朗地笑，那么他不是有着十分乐观的性格，就是一直生活得比较富足美满。所以通过观察分析一个人的笑容，就可以从中读出他的性格特征和心理变化。案例中，李雷就是通过观察客户的笑容揣摩到对方心理的。

在所有的表情中，笑可以说是一种最受人欢迎、最美丽的表情。可是，我们应该注意，并不是所有的笑都是美好的，都代表着一个人的善意与舒心，有时候，笑传达的是一种负面心理，可以说只是一个表情而已。无须赘言，从我们平时所用的词汇就能明白，如奸笑、坏笑、傻笑等，这些笑容肯定不是单纯表达喜悦的。所以大家应该留意，这样才能对对方的心情做个准确的判断。

关于笑容，有以下几种类型需要我们注意。

1.哈哈大笑

哈哈大笑是从肚子里发出来的一种笑，拥有这种笑的人性格开朗、不自卑、不保守，愿意冒险，他们常使人感到开心，也愿意与人相处。因此，这类人一般富有同情心，拥有良好的人际关系。对于周围人遇到的困难，他们会在自己力所能及的范围内给予适当的帮助。

2.苦笑

苦笑是人们对身处的现实表现出的懊恼，以及不得不低头接受的无奈，内心深处的酸涩溢于言表。看到身边人笑的时候伴有摇头的动作，说明目前此人的情绪正处于低落状态或遇到了为难的事情，我们应尽量给予抚慰或伸出援手。

3.皮笑肉不笑

皮笑肉不笑是一种假装的笑容，这是一个人为了敷衍别人的笑话或者是假装认同对方的言行时所露出的表情。当人们为了隐藏自己的真实情绪，不想让交流对象觉得自己冷漠时，就会努力用笑容表示应和，但是表现得很勉强。

4.随时切换笑容

那种在露出笑容之后立刻又板起面孔者，是相当难缠的人，不可忽视。因为一般人由内心的欢愉发出微笑后，笑的余韵必然会残留在脸上，慢慢地退去。而那种不管何时笑容都能说来就来、说去就去的人，极有心机，是需要加强防范的。

脸上挂笑容，不仅愉悦身心，还能给人一个好的印象，拉近彼此的距离。所以说，我们应该时常面带微笑，让周围的环境变得更加和谐、温馨。有人把笑容比作内心的门面，是人际交往的润滑剂，其实不无道理。

欲笑又止表情背后的原因

欲笑又止与欲言又止有异曲同工之妙，指的是，当我们想笑的时候，却又忍住不笑，这其中的隐情只有自己知道。在生活中，我们经常会看见这样的情景：有的人已经将嘴角上扬，但突然之间又停止了笑容的绽放，让自己的面部表情回归于正常情绪。换而言之，就是出现了半截笑容，然后就停止了整个笑容的绽放。对于这样的笑容，其背后到底有什么原因呢?

大致分析起来，有这样几个原因。

1.一种礼节性的掩饰

在许多场合，如有领导在的场合，假如领导在某些方面出了洋相，作为下属定是不敢笑出来的。但那搞笑的场景出现，刺激了人们的笑神经，这样的傻笑是难以自制的。在不设防的情况下，他们笑了出来，正当他们想笑的时候，却发现领导还在这里，下意识的动作就是停止笑容的绽放，使自己的面部表情重新回归到平静，这其实是一种礼节性的掩饰。

2.突然的一种愧疚

当我们在说某一件伤心的事情，情绪还处于悲痛之中。这时，有人看了一个幽默的笑话或故事，突然情绪变得十分愉快，想笑，但当笑容露出半截的时候，突然意识到当事人还处于悲痛之中，意识到在这种场合是不适宜笑的，于是立即停止了笑容的绽放，这是突然的一种愧疚。

3.别有深意

例如，在某些电影情节中，坏人正在思考着自己策划的“蓝图”，想到即将实现的梦想，眼睛就大放异彩，想要笑出来。但看看身边陌生的人，突然意识到不能让别人看到自己这样得意的情形，于是他的笑容才露出一点点就戛然而止了。这时他笑容的停止就是一种自我掩饰，不过是为了掩饰自己真实的情绪。

大致说来，欲笑又止背后的原因就是上述情况。或许，有人认为欲笑又止的表情是不容易发现的，只要我们稍微疏忽，对方就可能把笑容隐藏起来。其实，掩饰技巧再高超的人也会露出破绽，只要我们能仔细观察，定能发现其中的秘密。毕竟“欲笑又止”，在于笑容已经露出来一些了，我们所需要发现的就是这个半遮半掩的表情。

苦笑与冷笑的微表情特点

苦笑和冷笑是众多笑容中的两种，它们所呈现出来的面部表情与正常状态下的笑容差异不大，如果我们不深入地去推敲对方的真实心理状态，就没办法了解他人笑容的真意。

1.苦笑

苦笑，是心情不佳而勉强露出的笑容。心里难过，但表现出来的是一张难看的笑脸，就好像是自嘲一样，想给别人安慰，就像自己不在乎导致苦笑的那件事。

在生活中，我们常常看到这样的情景：一个人肩上背着大挎包，手里拎着旅行袋，急匆匆地赶到火车站时，火车却刚好开走了。这时他一边眼睁睁地看着火车离去，一边跺脚懊恼不已，但其脸上却没出现懊恼的神情，反而露出一种笑容。在篮球赛中，一个球员打了个坏球，他就会以摔球来泄愤，有时候也会边摇头边笑。这样类似的笑容，当然不是愉快心情的流露。

那个没能赶上火车的人和打了坏球的人一样，都是因为自己的狼狈和窘相，把自己作为嘲笑的对象，企图掩饰内心的焦虑感和失望感。这样的自嘲是为了安慰身边的人，更多的是通过笑的行为让自己获得精神上的自慰，使得心里安宁。

2.冷笑

冷笑，指的是不是发自内心的笑，往往是对别人的观点表示不赞同和不屑时的表情。在《红楼梦》中，宝玉笑道：“还是这么会说话，不让人。”黛玉听了，冷笑道：“他不会说话，就配戴金麒麟了！”冷笑的表情呈现是眼神不屑，嘴角上扬。

有时候，一个人的笑容还会配合着其他的肢体语言。例如，有人在笑的时候，眼珠斜向一边，嘴角略有点儿歪斜。这样的笑就是一种冷笑，带有蔑视他人的意味。反之，当他觉得自己“比不上”或“不如”对方的时候，则会将下唇合在牙齿中。

在生活中，当人们自觉高过他人，或对别人的观点表示不赞同和不屑的时候，就会露出冷笑的表情，以此表达自己的内心情绪。

苦笑是一种勉强挤出的笑容，虽然面部表情所呈现出的是笑，但其内心却是苦，或许在其心里有某些烦心的事情，因此，才会露出苦笑的表情。苦笑背后的秘密，是为了安慰身边的人，表示“我并没有烦心，我不是还在微笑吗？”而同时，这种笑容对自己而言，也是一种安慰，相当于一种自嘲，告诉自己别再为那些不值得的事情烦心了。

冷笑是一种讽刺的笑容，满是不屑的眼神。有时候，甚至不会将冷笑直接呈现在面部上，只会从鼻子里发出“哼”的声音，以此表现自己蔑视的意味。冷笑背后的秘密，其实是一种看不起别人的态度。生活中，当我们看到对方在笑的时候，一定要观察对方是否在冷笑，如果是，那我们就应该注意自己的言行了。

下篇

解读微动作

生活中，通过头、眼、颈、手、肘、臂、身、胯、足等人体部位的协调活动来传达自己的思想，借此形象地表情达意。丰富准确的肢体语言可以帮助人们更好地表达自我，但是这其中也夹杂着一些细微的小动作，往往这些不经意的小动作才是一个人的真实显现。

第08章　微动作可以表达你，也可以出卖你

肢体语言可以表达情绪，我们自然会想到许多常见的动作，如鼓掌表示兴奋，搓手表示焦虑，垂头表示沮丧，捶胸表示痛苦。细微的动作可以表达自己内心的想法，当然也会成为对方了解你的一个途径。

身体语言是信息的媒介

日常生活中，人们常常提到身体语言，那么，什么是身体语言呢？人做出相对应的肢体动作的背后隐藏的含义称为身体语言。身体语言代表着此人心里最深处的想法，这是最真实的感受。也可以从身体语言中判断此人是否说谎，是否隐瞒，是否具有可信性与行为理解能力，并帮助你快速适应社会交流与看清此人行为的背后含义。

身体语言的用途很多，但最直接的莫过于我们可以通过阅读一个人的身体语言来了解其情绪、感受，进而知晓其内心世界。心理学认为我们的大脑和身体的各个部位都是同步的。当我们受外界刺激时，如听到某些话或看到某些人，大脑就会产生某种想法或感觉，与此同时我们的身体也会做出与这些想法、感觉相对应的反应，并通过表情、肢体动作或姿势等反映出来。因此，通

过观察一个人的身体语言，我们就能大体上推断出这个人的思想或情绪状态，并以此预测他下一步的决定和可能采取的行动。这一点无疑可以帮助我们建立和促进人与人之间的关系，在工作和生活中更自信、更有分寸地处理、把握各种不同的人际关系。因此，我们可以说，身体语言是不可忽视的信息传递员。

以下是一些与人交往过程中的常识性身体语言，需要我们掌握。

付账：右手拇指、食指和中指在空中捏在一起或在另一只手上做出写字的样子，这是在餐厅表示要付账的手势。

愤怒、急燥：两手臂在身体两侧张开，双手握拳，怒目而视。也常常头一扬，嘴里咂咂有声，同时还可能眨眨眼睛或者眼珠向上、向一侧转动，也表示愤怒、厌烦、急燥。

很骄傲、不可一世：用食指往上推鼻子。

赞同：向上翘起拇指。

讲的不是真话：讲话时，无意识地将一食指放在鼻子下面或鼻子边时，表示认为别人“讲的不是真话”，难以置信。

别作声：嘴唇合拢，将食指贴着嘴唇。

害羞：双臂伸直，向下交叉，两掌反握，同时脸转向一侧。

绝对不同意：掌心向外，两只手臂在胸前交叉，然后再张开至相距一米左右。

因为事情失败而颓废：两臂在腰部交叉，然后再向下，向身体两侧伸出。

当然，观察他人的身体语言只是我们识别他人内心世界的一个方面，需要我们掌握和了解的还有很多，但最重要的是要懂得观察，于细微处看出一个人的心理动态，这样，即使面对那些经验丰富的人，也能先观其心而做出具体的应对策略。

在日常生活中，如果仅凭一个人的一面之词与人交流，那么，我们很可能会对交流对象形成错误的判断。这增加了人们之间的隔阂，而不是互信。如果多角度观察，综合判断，我们就更能够发现有价值的信息。

追溯肢体语言的起源

肢体语言是什么时候产生的？我们都清楚这样一个道理，当我们走进一间拥挤的房间之后，过不了几分钟，就可以准确地描述出房间内每个人之间的关系以及他们此时此刻的感受。在人类尚未进化完全之前，通过他人的行为来解读他们的意见和想法，就是当时的人们所采用的最基本的交流方法，这就是肢体语言的秘密。

实际上，在人类发明收音机之前，人与人之间的大部分沟通和交流都是通过书本、信件以及报纸来完成的。那表示着一些人只要写得一手好字，差不多就可以赢得成功。而对于那些能够驾驭口头文字的人而言，如超级演说家，收音机时代的到来无疑为他们创造了一个大展拳脚的机会。但是，到了注重视觉效果的今天，人们势必要付出更多才会成功，理由是肢体语言的重要性。

每位女士都应该很清楚，成功与公共形象和行为举止之间有着千丝万缕的联系。例如，现在大部分的政治家都有自己的肢体语言私人顾问，希望他们能帮助自己借助肢体语言让自己看起来显得更真诚、正直、富有同情心，特别是在真实情况并非如此的情况下，这样的做法更是必不可少的。

1.人们意识到肢体语言的存在

人类经过上千年的进化历史，似乎并没有意识到肢体语言的存在，直到《身体语言密码》这本书出版。虽然，许多人依然觉得谈话才是人与人之间最主要的沟通方式，不过，行为心理学家认为，肢体语言和咽喉部位发出的声音一直都是我们传递情感与情绪信息的主要方式。只是在生活中，大部分人将注意力放在了谈话上，他们对肢体语言不是特别了解，当然也意识不到它在我们生活中的重要性了。

2.肢体语言比说话更有效

在有声电影出现之前，肢体语言成了无声电影中唯一的沟通方式，这促使卓别林成了揣摩并施展肢体语言技巧的先驱。在当时，能否恰到好处地使用各种手势以及能否巧妙地用身体各部位发出信号与观众交流，成了评判每位演员演技好坏的标尺。1872年，达尔文出版《人类和动物的情感表达》一书，引发了一场全球范围内的关于面部表情与肢体语言的现代研究，而达尔文的很多观念和研究结果最终得到了来自世界各地的研究者的证实。

20世纪50年代的一位研究肢体语言的先锋人物阿尔伯特·麦拉宾通过研究发现：一条信息所产生的全部影响力中7%来自语言，38%来自声音，剩下的55%则全部来自无声的肢体语言。人类学家雷·博韦斯特指出：一个普通人每天说话的总时间为10~11分钟，平均每说一句话所需要的时间则大约只有25秒。同时，他还推断出，我们能够做出并辨认的面部表情大概有25万种。可以打个比方，在一次面对面的交流中，语言所传递的信息量在总信息量中所占的份额还不到35%，剩下的65%的信息都是通过非语言交流方式完成的。

3.肢体语言导致心口不一

行为心理学家认为，话语的主要作用是传递信息，而肢体语言则通常被用来进行人与人之间思想的沟通和谈判。在某些特殊情况下，肢体语言甚至可以代替话语的位置，发挥传递信息的功效。例如，一位女士可能不需要开口说话，仅仅通过眼神就完全可以传递出一种非常明确的信息。

行为心理学家认为，一个训练有素的人应该能够通过倾听他人的话语而分辨出这个人的姿势动作，甚至可以只通过观察人们的动作而判断出他们所说的话。不过，作为当事人而言，绝大多数时候都没有意识到自己通过各种身体姿势、动作和手势所传达的信息与本人通过语言所传递的信息往往是背道而驰的。

4.肢体语言体现个人情感

肢体语言是一种体现个人情感的外在表现形式，每一个手势或动作都可能成为我们透视他人情感、情绪的有效线索。例如，一位知道自己长胖了的女士可能会用力拉扯上衣或裙子，尽可能让自己的裙子保持一种平滑下垂的状态；一个感到恐惧或处于防御状态的人会双臂环绕，或者摆出一个双腿交叉的姿势。行为心理学家认为，解读他人肢体语言的关键在于我们是否能够一边倾听对方的谈话，一边观察他说这句话时的语言环境，从而了解他的内心情感。

其实，任何一次面对面的谈话中，大部分的信息都是通过肢体语言来进行交流的，不过绝大部分的人却常常忽视肢体语言信号以及它们的作用和影响。

5.女性拥有较强的感知力

所谓的感知能力强，其实就是能够通过观察发现人们的话语和他们的肢体语言之间的矛盾之处。可以说，女性的感知能力是远远大于男性的，或许我们可以称之为女性的直觉。女性有一种与生俱来的洞察和破译无声信号的能力，同时，她们往往能够独具慧眼，发现那些通常被男性忽视的细节，这就是为什么基本没有哪位男性的谎言能够逃过妻子的法眼。

行为心理学家进行了一项实验：研究者播放了一段被删去了声音的短片，在短片里，一对夫妻正在谈话。研究者要求参与者们通过观察这对夫妻的面部表情和动作，描述出他们之间发生的事情。研究结果表示，87%的女性参与者所描述的内容与实际情形是相符合的，不过同样的情形在男性参与者中所占的比例却只有42%。

心理学家认为，人的行为是人在意识指导下的、主动自觉的行为，而人的意识是由意识和认知两大因素构成的，是这两大因素相互作用的结果。每个人都希望了解自己，了解他人，而人的心理并非琢磨不透，其实很简单，行为心理学通过行为分析心理，让女性在日常生活中慢慢了解自己的内心深处，帮助女性分析周围的人的行为和个性。

肢体语言如实表达真实内心

肢体语言表现的是真实情感吗？通过肢体语言获得的信息是真的可靠吗？一个人可以在自己的肢体语言上做手脚吗？不可否认，人是一种会撒谎的动物，撒谎的功能器官就是嘴巴。不过，行为心理学家认为，人是一种诚实的动物，因为肢体语言是最为诚实的，它可以如实地表达自己内心的想法。

肢体语言的产生，一方面是外界信息刺激的结果，另一方面是内部信息刺激的结果。前者主要指的是经过人的外部感觉器官而进入大脑的刺激，如突然听到东西爆炸的声音，忽然看到一辆车飞驰过来，等等；后者指的是经过内部感觉器官而进入大脑的刺激，如突然感觉身体不适，不论是来自内部的信息刺激还是来自外部的信息刺激，最终都会集中在人的中枢神经系统，最后通过肢体语言表现出来。所以，肢体语言的产生与信息加工的关系是极其紧密的，可以说，肢体语言是人的大脑对来自内外信息加工结果的直接延伸和表现形式，是个人对主客观环境做出的适应性反应，这是真实可靠的。

1.撒谎时肢体语言与言语是相悖的

行为心理学家认为，当一个人在说真话的时候，语言、语音、语调以及肢体动作往往都是协调一致、自然流畅的，这都源于人的主观意愿和客观表达的一致性与协调性。当一个人在撒谎的时候，特别是他撒谎的后果比较严重的时候，语言、语音、语调以及肢体动作的配合往往会出现僵硬、做作的表现。

或许有的人表示，有时候自己撒谎也没被人识破，这主要不是因为你善于在肢体语言上做手脚，而是在平时生活中，大部分的人不都善于通过分析肢体语言来识别谎言。不过，许多肢体语言所表现的情感是掩饰不了的，只要你在撒谎，总会有谎言被识破的一天。假如你不希望自己的谎言被识破，那就实话实说。

2.虚假的肢体语言会漏洞百出

尽管有人在平时的沟通中故意摆出某种虚假的肢体动作，希望能干扰他人的判断，不过人不可能在整个交流过程中一直刻意做出各种虚假的肢体动作，故意摆出的虚假肢体动作没有什么实质性的心理意义，只是一种意识性肢体动作。而真正有意义的肢体动作是无意识肢体动作，也就是受无意识支配的肢体动作，即便这两种肢体动作经常会在交流和沟通中同时出现，不过相比较而言，无意识肢体动作更加真实可靠。因为一个人没有办法用意识去左右无意识动作，我们当然决定不了在撒谎时动作一定是无意识的，所以经常会露出漏洞，就像弗洛伊德所说："如果一个人用眼睛去看，耳朵去听，他确信没有一个凡人能保持住秘密。如果他的双唇紧闭，他会用指尖交谈，背叛无孔不入。"

3.口头语言有一定的局限性

心理学家认为，一个人的口头语言通常并不能将自己内心的真实想法都展露出来，这主要是基于两方面的原因，一方面是语言本身有局限性，另一方面是个人自身出于一定的目的有意识地歪曲了内心的真实想法。

口头语言产生在劳动之中，在长久的累积下慢慢形成，因此，语言并非是天生的，而是通过后天学习而掌握的技能，而口头表达的能力也并不是我们想象中那么完善。例如，当我们在形容人们的口才的时候，会说他口齿伶俐，而说他笨嘴拙舌，这样的区别理由是他们对口头语言技能的掌握，而不是智商或情商的区别。简单地说，并不是能说会道的就是聪明的人，寡言少语的就是愚笨的人，为什么会这样？因为他们对口头语言运用的熟练程度有所不同。由于对语言表达能力掌握的熟练程度，有时不能完整地表达出自己内心所想，如形容自己的心情，我们会用“高兴”“难过”，或者其他形容词，不过我们内心的情感比这几个词语要丰富得多。

此外，语言系统本身是一套符号系统，一个人在表达自己的内心所想时，需要先进行编码，将思想转化为语言符号。而对话者在接受时需要领会语言，又需要解码，相当于把语言符号重新转化为思想。思想在这个过程中经历了几次转化，免不了会出现差错，因此，对话者所理解的信息可能与当事人所表达的信息就有区别了。

肢体语言超越了语言本身，不用经过转化就可以直接地理解对方的意思。例如，一张笑脸比用任何文字描述都让我们感到愉悦，这就是肢体语言的魅力所在，当然这也证实了肢体语言的真实性。

4.相比较口头语言，更愿意相信肢体语言

在现实生活中，我们经常会遇到这样的情境，当自己弄了一个新发型的时候，问朋友怎么样，他可能嘴上说“不错，还可以”，不过我们认真观察对方的表情，可能会发现他有微微皱眉的动作，或眼神闪烁，或双手握拳，这些肢体动作都表示他内心在排斥你，他对你这个新发型有点儿反感。这时候我们不妨多问几个人，假如许多人都是口头称赞，身体语言却表示不怎么样，那可以考虑换个发型。

对一些当面称赞你，背后却诋毁你的人，假如仔细留意，也会发现这些人在说话时言不由衷的神情以及表示排斥的动作。口头语言是一个人通过逻辑思维后才说出来的，他已经在上面加上了一系列的歪曲，只是为了达到一些目的，并不是内心真实的反映。而肢体语言则是自发的、难以控制的，它所透露出来的才是一个人最真实的内心想法。

肢体语言会撒谎吗？有人觉得假如经过长时间的训练，一个人是可以控制自己身体的，就像口头语言一样受制于我们的想法。实际上，这是极其困难的，人的肢体语言太过复杂，所包含的细节太多，尽管你刻意地控制了其中一个动作，也可能在其他动作上露出破绽。

透过肢体语言了解对方的潜意识

弗洛伊德指出：“潜意识是潜藏在我们一般意识下的一股神

秘力量，是相对于‘意识’的一种思想。”其实，在每个人的体内都隐藏着一股神秘的力量，那就是潜意识。令人奇怪的是，许多人并不知道，或者说并不了解自己的潜意识思想。不过，作为旁观者，我们倒可以通过其在日常生活中表现出来的体态举止洞悉对方的潜意识，从而达到摸清对方真实心理的目的。在日常交际中，大部分人在做出某些行为举止的时候，会下意识地掩盖自己内心的真实想法，或者，假意做出相反的举止来迷惑他人，不过，他的某些姿势还是可以泄露出其潜在的思想的。所谓“江山易改，本性难移”，一个人的性情，无论如何掩饰都会在行为举止上一览无遗，这时，我们可以通过观察对方的体态表现来洞悉对方的真实心理。

在日常生活中，人们的身体姿势有很多，下面我们说到的一些体态可能你经常会见到，但你未必知道它们背后隐藏的真实想法。

1.手不停地抚摸下巴

在与你交谈的时候，如果对方用手不停地抚摸下巴，那表示他已经陷入了沉思，连你说什么他都没听见。如果你对此表示怀疑，那么你可以试着问他你刚刚在说什么？他一定回答不出来。

这类人总喜欢想东想西，但从来不会想到去算计别人，只是在某些时候会陷入思考的迷宫中。同时，他们是比较敏感的人，如果你想告诉他们什么事情，那就不要暗示，直接告诉他们，免得他们胡思乱想。

2.叉腰姿势

在与人相处的时候，对方的姿势已经泄露了他对你的潜在态度，有的人潜意识里想给人留下这样的印象：身体强壮、沉着稳重，不把别人的威胁放在心上。对此，他们常常会做出叉腰的姿势。

3.拇指托着下巴，其余的手指遮着鼻子或嘴巴

这样的人很有主见，在你说话的时候，他总是用拇指托着下巴，其余的手指遮着鼻子或嘴巴，那表示他潜意识里根本不同意你的观点，只是不好意思说出来。他之所以做出这样的动作就是潜意识里怕一不小心说出来。

当然，用手遮住鼻子或嘴巴，在心理上可能有两种情况：一是想反驳你；二是他在说谎。如果在沟通中，对方保持这样的姿势，若是他说话时有这样的动作，那表示他“言不由衷”；若是听你说话时有了这样的动作，那就是不同意你的观点。

4.手掌向前推出

这样的动作经常性地出现在政治家身上，他们为了生存，需要对他人的攻击保持时刻的警惕。如果你仔细观察一下那些政治家的演讲，就会注意到，他们在感到不安全的时候，常常会做出一些防御的手势。例如，将手横过身体，或将手掌向前推出，仿佛他们在躲避想象中的击打一样。

在日常生活中，一个看似很普通的体态却包含着丰富的信息，其举止形态背后的潜意识才是我们所需要摸清的底牌。莎士比亚在《哈姆雷特》中写道：“一个人表面上笑眯眯，其实心怀叵测。”试想，一个采取防卫、对抗姿态而又面带微笑的人，他或许是想以假笑来麻痹你，同时却在算计着如何拆你的台。大量事实证明，一些体态语言并不像想象中的那样，就好像一个人对着你微笑，但其实他心里对你充满了怨恨。当然，如果我们不仔细观察，肯定不会洞察到对方的真实心理。

初次见面善用的微动作

我们通常会以为交际的技巧在于口头语言上，而实际上，这只是人们的主观感受，事实并不是如此。人们使用最频繁的是非语言的交谈方式，这就是人们常说的“肢体语言”，它通常是在说话之前就已经表达出了我们的感觉和态度，反映了我们对他人的接受度。有数据显示，一个人要向外界传达完整的信息，单纯的语言成分只占7%，声调占38%，另外55%的信息都需要由非语言的体态来传达。而且因为肢体动作通常是一个人下意识的举动，所以，它很少具有欺骗性。

既然微动作在人际交往中起着如此重要的作用，那么在交谈的时候，一定要注意利用微动作。尤其是与陌生人交往的时候，善用微动作，更能有效地拉近彼此间的距离。

这需要我们从现在起，尝试使用以下几种肢体动作。

1.接触

例如握手，这不仅是一种礼节，更能体现你的热情与友好，几乎所有人都喜欢这种身体接触。

又如，参加聚会时应先与主人握手，再与房间里其他人握手。如果男士与女士握手需待女士先伸出手，握时轻握女士的手指部分，不要握手掌部分。不要随便主动伸手与长者、尊者、领导握手，应等他们先伸手时才能握。对方可能未注意自己已伸手欲与之相握，因而未伸手，此时应微笑地收回自己的手，无须太在意。

2.展开你的笑颜

人们对于那些报以微笑的人似乎总是多一份好感。微笑是一种易于被接受的非语言信号，给人以友好、热情的印象。

当我们对他人微笑时，传递的是友好、渴望沟通的信息，对于对方来说，也自然能感受到你的暗示，那么，他们通常也会以微笑来回报你。

很多心理学家都指出，微笑是与人交流的最好方式，也是个人礼仪的最佳体现。我们可以从日常观察中发现，没有谁喜欢看到与之交往的对象愁眉苦脸的样子。因此，你若希望给对方留下一个好印象，就一定要学会露出受人欢迎的微笑。

当然，你应该注意的是，微笑并不是简单的脸部表情，它应该体现整个人的精神面貌。所以，我们可以在平时多对周围的人发自内心地微笑。这样，就能避免在与他人沟通时僵硬地笑了。

当你闲来无事时，可以尝试以下这种训练微笑的方法：先坐在镜子前，整理一下自己的衣服，闭上眼睛，调整呼吸使之均匀。然后开始深呼吸，让你的心静下来。接下来，睁开眼睛，镜子里的你是不是看着清爽了很多。既然如此，那么，笑一笑吧：让你的嘴角微微翘起，舒展你的面部肌肉，如此反复。训练时间长度随意。这是一种最常见且最有效的训练方法。

3.张开你的双臂

这是一个热情的动作。可以想象，当你遇到某人的时候，如果他交叉双臂站着或坐着，说明他很冷漠，一点儿不高兴。因此，当你交叉双臂站着或坐着时，你给他人的感觉是：你不愿意交谈，有防备心，将自己封闭起来。手捂着嘴（或手捂着嘴笑）或支着下巴的动作表明你正在思考。反过来，你也可以想象一下，如果是你，可能也不会打扰一个正在深思的人吧。另外，如果你双臂交叉，那么，你自身也会显得局促不安，从而让他人也不愿意靠近你，因为在与你交谈的时候，他们也会感到不自在。

所以，如果你想向对方表达你的热情，就张开你的双臂，即便看起来有点儿夸张，也比双臂交叉要好得多。

4.身体微向前倾

当你和对方谈话的时候，身体微微前倾，这表明你对他的话题感兴趣。而这对于他来说，显然是一种尊重，他自然很愿意同你交谈下去。

人与人的沟通中，真正展现热情与真诚的有时候并不是语言，也就是说，也许最重要的交谈技巧之一并不是语言，而是我们的身体。掌握一些基本的微动作，就掌握了与人初次交谈的一种本领，保证能让你抓住对方的注意力。

文化差异下的肢体语言

我们都知道，不同国家的文化背景不同，交际方式也不同，我们先来假想一下：

有一个中国男人，他在跟一个美国妇女谈话时看着对方，这是否失礼？

通常，我们摇头表示“不”的含义，在其他国家也是吗？

在大街上，你看见两个同性青年勾肩搭背或者手牵手，你有没有觉得怪异？

……

以上这些都属于非语言范畴，也就是身体语言。的确，我们在与人交往的时候，沟通的方式绝不仅限于语言，还有肢体动作。举手投足之间，你都在向别人传递信息。按照中国人的习惯，点头表示赞同，微笑表示欢迎，皱眉表示厌烦，等等，这些简单的小动作其实都是文化的一部分。

然而，大部分人可能没有意识到的是，即便是同一个动作，在不同的文化背景下，它的意义也是不同的。不同的民族有不同的非语言交际方式。拿点头这个最具有普遍意义的动作来说，在中国和美国表示的是赞同，但在尼泊尔、斯里兰卡和爱斯基摩，却表示"不"的含义。可能你会觉得匪夷所思，但这就是文化差异造成的。在与其他国家的人交流时，即便你能熟练地运用外语，但还是应了解他们的手势、动作、举止等所表达的含义，只有这样才能减少交流误差。

接下来，针对同一动作在不同文化背景下的不同含义，我们可以做出一些简单归纳。

掌心向下的招手动作：在中国主要是招呼别人过来，在美国是叫狗过来。

OK手势：这一手势源于美国，表示"同意""顺利""很好"；而法国表示"零"或"毫无价值"；在日本是表示"钱"；在泰国表示"没问题"；在巴西表示粗俗下流。

翘起大拇指：一般都表示顺利或夸奖别人，但也有很多例外。在美国和欧洲部分地区，表示要搭车，在德国表示数字

“1”，在日本表示数字“5”，在澳大利亚表示骂人。与别人谈话时将大拇指翘起来，反向指向第三者，即以拇指指腹的反面指向除交谈对象外的另一人，是对第三者的嘲讽。

V形手势：这种手势是第二次世界大战时的英国首相丘吉尔首先使用的，现在已传遍世界，表示“胜利”。但如果掌心向内，就变成骂人的手势了。

在英语国家里，一般的朋友和熟人之间交谈时，避免身体任何部位与对方接触，即使仅仅轻轻触摸一下也可能引起不良的反应。

除轻轻触摸外，再谈一谈当众拥抱的问题。在许多国家里，两个妇女见面拥抱亲吻是很普遍的现象。在多数工业发达的国家里，夫妻和近亲久别重逢也常常互相拥抱。两个男人应否互相拥抱，各国习惯不同。阿拉伯人、俄罗斯人、法国人以及东欧和地中海沿岸一些国家的人，两个男人也热烈拥抱、亲吻双颊表示欢迎，有些拉丁美洲国家的人也是这样。不过，在东亚和英语国家，两个男人很少拥抱，一般只是握手。

在英语国家，同性男女身体接触是个难以处理的问题。一过了童年时期，两个同性的人就不应手拉手或一个人搭着另一个人的肩膀走路，这意味着同性恋。在这些国家里，同性恋一般遭到社会的强烈反对。

总之，在不同国家、不同地区、不同民族，由于文化习俗的不同，同一动作的含义也有很多差别。所以，肢体语言的运用只有合乎规范才不至于无事生非。

在不同文化背景下，即便相同的动作也有不同的含义，事实上，对肢体语言的研究有助于对语言的研究。另外，有些时候，人的动作与说的话不一致，口头说的话与肢体语言表达的意思不一样。这时，我们要将二者与整个情景结合起来理解，以免发生误解。

第09章　眼部微动作，眼睛是影射内心的镜子

美国联邦调查局前任反情报官和肢体语言专家乔·纳瓦罗说：“当我们感到紧张时，瞳孔就会收缩，它是人类固有的生理现象。”简而言之，看见一个人的眼睛就知道对方在想什么。可以说，眼睛是影射内心的镜子。

双眼透露的性格秘密

俗话说“言为心声”，其实，眼睛才是写在脸上的心，说“眼为心声”更恰当。一个人的性格、内心想法、生存状态等都会毫无隐瞒地显现在他的脸上，因此，即便是静止的双眼，也在透露着性格的秘密。我们先来看下面一个案例：

刘毅是一名暖气片业务员，刚进入冬天不久，生意逐渐火爆起来了。

这天早晨，刘毅一大早就敲开了一家装修公司经理的家门。对方把他让到了家里，入座之后，刘毅并没有滔滔不绝地介绍自己的暖气片的功能和特点，而是先和经理聊起了家常，因为在一进门的时候，他就注意到了经理有一双深陷的双眼，根据他的识人经验和心理学课程的学习，他大致可以推断出，这位装修公司的经理应该遭遇过不少挫折，人生经历应该比较坎坷。于是，他

尽量把话题引到了这一点上，果然，他在交谈中得知，经理虽然现在小有成就，但幼年就丧父丧母，没有多少文化知识，几次被人领养。在创业的过程中，也曾被合伙人算计而损失惨重。经理说到动情之处，还几乎流出泪来。

在一番畅谈之后，这位装修公司的经理很爽快地与刘毅签下了十几万的大单子。

刘毅总是对公司的新人说，做生意一定要懂点儿识人术，它能帮助你更快捷地拿下订单。

从这个故事中我们可以了解到，装修经理的眼睛影射出了他的心理倾向，刘毅正是抓住了这一点，了解了他的心理，进而成功地完成了交易。当然，除此之外，任何一场人际交往，我们都要学会从对方的眼睛入手，因为眼睛往往能把对方的态度和倾向泄露出来。掌握了对方的性格、心理倾向，往往能帮你做成“僧衣”。

从社会调查结果看，可以对不同的眼睛类型做出如下概括。

1.眼睛大且眼珠大的人

这类人一般富有激情、有动力、观察力强、行动敏锐、待人热情，但容易三分钟热度，一腔热情冷却得也快，很容易被周围人的意见所左右，最终放弃自己的想法。这类人要想获得一番成就，一定要克服做事虎头蛇尾的习惯。

2.眼睛偏小，眼睑外部朝下，白眼球较多的人

这类人心思缜密、功利心重，做事诡异、不遵循常规，熟识他们的人会认为他们阴险狡诈，不愿与他们交往。

3.有眼袋，眼角上翘的人

这类人人际关系较好，深得异性和长辈的喜欢，他们能迅速适应周围环境的变化，在新的环境里，能迅速与人打成一片。

4.两眼对称的人

这类人多半做事情中规中矩，珍惜时间，能合理安排自己的生活和工作、感情和事业，可以成为一个成功者。

5.眼窝深陷的人

这类人因为人生挫折不断而显得深沉，做事会考虑他人的感受，详细周到，是可信之人。

6.眼球外凸，眼睛大而明亮的人

这类人智商高、个性独立、无论是工作还是学习，都是突出者。

如果他目光敏锐，那么，他是天生的领导者，能掌控周围的人和事，手腕强硬。清末民初的枭雄袁世凯就是这种特征，外国记者评论说：他有一双智慧而又充满魅力的眼睛，他能被李鸿章赞赏为“当今之世，无出其右者”，也就不足为怪了。

如果目光显露天真无邪，其人缘较好，大家都喜欢这样的朋友，聪明又讲义气。

7.眼珠黑而明亮的人

这类人就是被人们称为长有“童子眼”的成年人，因为一般情况下，成人的眼球是咖啡色的。假若一个人在成年之后眼球还是偏向黑色，而且明亮，他应该还有童真。这类人胸无城府，待人真挚，但容易受骗，包括感情方面。

8.“鸳鸯眼”或“大小眼”

无论男女，如果他的两只眼睛能从外观上看出来一大一小，就被称为“鸳鸯眼”或“大小眼”。鸳鸯眼的人，观察力强，头脑聪明，而且特别懂得人情世故和待人接物，深得周围的人喜欢。另外，在情感路上也会多姿多彩。

众生百相，不同的人也生有不同的眼睛，一个人眼睛的大小、轮廓、形状等能帮助我们迅速判断其性格类型和内心动态。

灵魂闪动在你的眼里

在人类的感觉器官中，眼睛是最重要的器官之一。科学家经过研究证实，人类有80%的知识都是通过眼睛观察得到的。眼睛不仅可以读书认字、看图赏画、欣赏美景、观察人物，还可以辨别不同的色彩和光线，然后将这些视觉形象转变成神经信号，传送给大脑，从而增强人类的记忆能力。

人们常说，眼睛是心灵的窗户。灵魂储藏在你的心中，闪动在你的眼里。孟子在《离娄章句上》中有一段通过观察人的眼神来判断人心善恶的论述："存乎人者，莫良于眸子。眸子不能掩其恶。胸中正，则眸子瞭焉；胸中不正，则眸子眊（眼睛昏花）焉。听其言也，观其眸子，人焉廋（藏匿）哉？"眼神毫不掩饰地展现了一个人的学识、品性、情操和性格等。戏剧表演家、舞蹈演员、画家、文学家、诗人都着意地研究人们的眼睛，认为它是灵魂的一面无情的镜子。

在交谈过程中，眼睛是仅次于语言的重要工具。人与人之间除了需要语言的交流外，眼神的交流也是必不可少的。在人类的面部表情中，眼神是最为微妙复杂的，不管是用眼神表达信息，还是准确地理解别人的眼神所表达出来的信息都非常困难。很多时候，眼神是无法掩饰的，因为它往往更能真实地表达出一个人的品质、修养以及心理状态。如果能够充分地理解别人的眼神所表达的意思，那么你就能够觉察到对方真实的内心世界，从而更好地与之交流。

杜红是一名刚毕业的学生，有幸的是，她应征上了一家大型公关公司的策划人职位，成为人们羡慕的白领一族。

上班第一天，她非常谨慎地来到公司。如她所料，办公室果然是美女如云，站在人群中，杜红突然有一种"丑小鸭"的感觉，正在想时，一个美女走过来，热情地冲杜红打招呼，杜红自然也是热情地回应，然后杜红也打量了一下这位同事，颇有王熙凤的风范：一身很惹眼的名牌。而正当这位同事和自己说话时，她看到好几个同事都投来鄙夷的眼神，杜红认识到这应该是一个不受欢迎并且爱表现的同事，然后她给自己敲了一个警钟：以后不要和这位同事深交，否则不仅在工作上没有上升的空间，还会得罪所有人。

上班的第一天，杜红就根据自己的观察把办公室的同事以及领导都划归为几个类型，并用不同的方式与他们相处。果然，不到半年，她就在一片支持声中升职了。

现代社会的职场人士，除了要具备一定的职业能力外，还必须学会怎样和同事、上司相处，杜红的聪明之处，就是在上班的第一天，通过同事们的眼神了解到办公室的同事关系，给自己打了不同的预防针。

那么，不同的眼神有什么不同的含义呢？下面，让我们一起来进行学习。

1.眼神能反映一个人的自信程度

一般来说，自卑的人，眼神往往躲躲闪闪，很难长久地注视别人，一旦发现别人在注视他，就会将视线突然移开；性格内向的人，无法将视线集中在对方身上，即使偶然看对方一眼，也是一闪而过，这种人往往不善交际。相反，那些自信的人，他们的眼神是笃定的，坚定不移的 。

2.眼神能反映一个人的专心程度

三心二意的人，听别人讲话时一边点头，一边左顾右盼，从来不把视线集中在谈话者身上，这说明听话的人对说话的人以及说话人所说的话题不感兴趣。凝神倾听的人，总是将视线集中在对方的眼部和面部，以表示对对方的尊重和理解；心不在焉的人，注意力集中在自己正在干的事情上，非但不看对方说话，而且反应冷淡。

3.眼神能反映一个人的情感

如果两个人彼此心存好感，那么说话的时候往往喜欢注视对方的眼睛，以达到眼神的沟通、心灵的交流；相反，如果两个人话不投机，就会尽量避免注视对方，以消除不快。此外，漠视的眼神给人一种拒人于千里之外的感觉，还有一种轻蔑的意思在里面；眯视也是不太友好的语言，给人一种睥睨和傲视的感觉。

4.眼神能透露出对方的精神状态

一个健康、精力充沛的人的眼睛通常明亮有神，眼睛转动灵活机警，眼光清晰、水分充足。

一个疲劳的人眼睛会显得乏力无味，目光呆滞，眼光混浊。

一个乐观的人眼睛通常充满笑容，善意十足。

一个消极的人往往眼睛下拉，不敢正视别人的眼光。

撒谎时眼睛的微表情特点

德国著名心理学家梅赛因说：“眼睛是了解一个人的最好工具。”此言不虚。语言可以说谎，但眼睛不会。很多时候，一个人的眼球变化更能体现他内心情绪的波动。因此，在与人交往中，那些细心的、聪明的人往往会根据对方的眼球来判断对方话语的真假。如果一个人在说谎，他的眼球就会转来转去；如果一个人在真心实意地对待你，他的眼球所发出的视线就会一直朝向你，这表示他不是在说谎话。因为如果一个人在说谎，他的内心会很慌张，大脑也会紧张起来，不停地在想要说些什么谎话你才会相信，所以眼球也会一直乱动，生怕你发现他在骗你，逃避你的眼神，不敢正眼看着你，因为骗你时心里内疚。如果是一些骗人高手，他就会跟着你的眼神走，你看哪儿，他就跟着你看哪儿，因为骗你的时候紧张，又怕你发现，所以干脆就跟着你的眼神走。

我们先看看下面这一场景：

客户：“真的太贵了！我看我还是不买了。”这位客户一边说着一边拿起一套化妆品，挑选了很久的她终于停下了脚步。为其介绍产品的是销售员小李，小李听到客户这样说，并没有放弃推销，因为她发现了一个很小的细节：客户看到这款化妆品时，突然睁大了眼睛，眼球似乎也放大了一倍，也再没有看其他款了。

于是，她尝试着问：“小姐，那您认为贵了多少钱呢？”

客户：“至少贵了500元吧。”

小李：“小姐，您认为这套化妆品能用多久呢？”

客户：“这个嘛，我比较省，怎么也要用半年吧。”

小李：“如果用原来牌子的化妆品，要用多久呢？”

客户：“原来那个两个月要买一套吧，因为效果不太明显。”

小李：“这样吧，您看原来那个牌子的化妆品是200元一套，可以用两三个月，我们按照3个月计算，您半年需要花400元，但是小姐，实不相瞒，我们这款化妆品如果您比较省，至少可以用一年，这是所有客户共同得出的经验，由于它富含的营养成分比较多，所以只要稍微用一点儿就可以了。”

客户：“真的是这样的吗？”

小李：“这是我的客户共同的见证。这个周末您有时间吗？我已经约了所有客户举行一个联谊，希望您也能参加。”

客户：“这样啊，好，我相信其他女孩子的眼力……”

这个案例中，我们发现，销售员处理客户异议的方法很值得我们学习，这里，她之所以能判断出客户的反对意见“我看我还是不买了”并非真实想法，是因为她观察到客户眼球的变化：客户看到这款化妆品时，突然睁大了眼睛，眼球似乎也放大了一倍，也再没有看其他款了。这是一种心有所属的表现。

一个人在心里特难受的时候，他的眼里会饱含泪水，但是又不想被你发现，所以眼球看起来一闪一闪的。一个人很开心的话，他的眼睛里清澈明亮，并且是眉开眼笑的。一个人很生气的话，他的眼里虽说看不到火焰，但是他的眼神特别吓人，会一直死盯着你看。一个人很恨你的话，不止会用眼神秒杀你，更会恶语相加。一个人很单纯、善良、天真的话，他的眼球中一点儿杂质都没有，就是很清澈、水汪汪的那种，而且看待任何人都是同一个眼神，不会变换，除非生气、开心，平常都是用同一种眼神看人，要是谁需要帮助，他的眼中，会闪过一丝不安和焦虑，以示担心和关怀。

那么，具体来说，我们该怎样根据对方的眼球来推断对方话语的真假呢？

第一种——说真话时的眼球：

谈话时突然中断眼神交流，往左下方看，表示正在回忆，所说的话有可能是真的。

第二种——说假话时的眼神：

谈话时突然中断眼神交流，往右下方看，表示正在编造谎话。

第三种——对现状表示少许尴尬和回避时的眼神：

谈话时突然中断眼神交流，面带微笑地躲避对方的眼神，是一种窘境的表现，说明你触及了对方内心的羞愧感。

当然，要看一个人说话的真假，不仅要学会看眼球，还要学会看行为举止，还有说话时的语气和表情，要多方面地去观察。

人们所表现出来的最难以掩饰的部分，往往不是肢体动作、不是语言，而是眼睛，眼神里所传达的信息是无法假装的。我们看眼睛，不但要看大小圆长，更要看眼神，而眼神什么样的很多时候都是由眼球来决定的，所以观察眼球的变化，有助于人与人之间的交流。

喜欢眨眼的人说话不可信

在生活中，眨眼是非常正常的眼部动作，在安静、放松的状态下，人的平均眨眼频率是每分钟十几次。一般情况下，成年人只需要两三次眨眼就可以让眼球保持湿润。不过，当人们感到兴奋、烦乱、紧张或忧虑的时候，眨眼的频率就会提高。而当人们的情绪处于正常状态时，眨眼的频率又会恢复正常。假如在一秒钟之内连续眨几次眼，那是神情活跃，对某件事物感兴趣的表现，也可能是思想斗争的表现。不过，在日常交流中，如果当事人频繁地眨眼，那表示其所说的话不可信。

小宋是一个漂亮的女孩子，但围绕在其身边的女性朋友却很少。那是因为当其他女性朋友围坐到一起的时候，所谈论的就是小宋喜欢眨眼睛的特点。

本来跟小宋关系还不错的小娜说："每次她在说话的时候，都会无辜地眨眼睛，而且这是不正常状态下的眨眼睛，因为她几乎是连续眨眼，即便她嘴里说着我是她很好的朋友，但在我心底还是不愿意去确认，因为这样眨眼说话让我难以信任她。""是啊，每次都是这样，我都不知道她说的哪句话是真的，哪句话是假的，反正我都不愿意跟她说话，害怕看到她不停地眨眼睛。"坐在旁边的美美也表示深有同感。可能连小宋自己都不知道，原来是自己眨眼睛的特点让身边的朋友不再信任自己。

假如眨眼睛的时候，带动睫毛的振动很明显，用力地扇动眼睫毛，这就是一种卖弄的夸张动作，就好像在说："不是我的错，不是我做的。"但其眨眼睛的动作却分明告诉别人：这事情跟我有一定的关系。不过，在我们说话时，有人眨眼睛，而且连续眨眼的动作夸张，眨眼的速度较慢，但幅度却比较大，这是一种不信任的表现，就好像在说："是真的吗？"这表示其对我们所说的话并不信任。

在正常而放松的情况下，人们的眼睛每分钟会眨6~8次，每次眨眼睛时闭上的时间却只有0.1秒。不过，当人们压力比较大的时候，如撒谎，眨眼睛的频率就很可能明显提升。甚至，当人们眨眼睛的频率超过限度的时候，会下意识地闭上眼睛，而不想让你看见其延长眨眼的间隔。那是因为人们每次眨眼时，眼睛闭上的时间远远长于正常情况的1/10。

在生活中，如果我们见到他人在说话时快速眨眼睛，那表示其所说的话是不可信任的。同时，在进行语言表达的时候，为了让其他人对自己抱以信任，我们应该避免连续眨眼睛，尽量延长眨眼睛的间隔时间，这样就可以赢得对方的信任，从而达到有效影响他人心理的目的。

眼球的运动也是一种语言

可以说，眼神是一种无声胜有声的交流手段，不过，即便是没有眼神的交流，眼球本身的运动也是一种语言。每天早上，当我们对着镜子，想想今天的工作日程，想想早上吃什么，这时你就会看到自己的眼球在运动，而且是向上运动。实际上，不管我们的思绪处于过去的回忆中还是在幻想未来的蓝图，只要是有画面感的情景，眼球就会向上运动，进入视觉摄像。假如你是在认真听对方说话，眼球则会在中间，这意味着你进入了听觉世界。而当你工作了一天觉得腰酸背痛的时候，你的眼球会向下运动，因为你被感觉、身体触觉的情绪所控制。

1.眼球快速左右运动

对绝大多数人而言，眼球向左运动是回忆过去，向右运动则是对未来事情的幻想。当然，左撇子是例外。当人的眼球向左运动的时候，他或许在想昨天做了什么事情，去了哪里，认识了哪些朋友；当人的眼球向右运动的时候，他则可能是在想明天的工作，后天搬家的事情。

假如当事人的眼球出现了快速左右运动的情况，那表达的意思又不同了。例如，在辩论赛上，我们常常能看到辩手高频率的眼球运动，而且一般出现在受到攻击的一方。而那些被诘难的人，眼球会快速地左右运动，这表示他的大脑正在积极地思考，希望找到很好的办法来应对对方。由此可见，当一个人在费尽心思想问题的时候，就会出现这样的眼球动作。当然，在人们内心紧张不安的时候，也会出现眼球左右运动的行为，他们希望自己能够集中精神收集信息，稳定心情。

2.眼球在不同的位置所呈现的心理

在上面我们已经说过了，眼球在左边，表示视觉回想，也就是在回忆过去所见的画面和脑海里的场景，如昨天吃了什么，做了些什么；眼球在右边，表示视觉想象，想象从未见过的生活，如明天要去哪里；而眼球在中间，则表示听觉回想，回忆过去的所见所闻。

假如眼球在中间向右，表示听觉想象，在幻想从来没听过的声音，如母亲在想象几个月大的孩子第一次喊妈妈的场景；眼球在左下，表示听觉在发挥作用，是在对自己说话，如对自己说句鼓励的话；眼球在右下，表示内心的感受，情感的触动，如恋爱是什么样子的。

所以，当我们看到别人眼球上下运动的时候就可以判断，推测出别人的内心活动，如一个认真听你说话的人，眼球绝对不会向上翻起；一个正在思考的人，眼球也绝对不会不动。我们只需要记住：眼球往上的时候是视觉的、影像的，眼球在中间的时候是听觉的、声音的，眼球往下的时候是感觉的、身体的。

通过眼神交流，摸清对方的微妙心理

在人际交往中，眼神交流是相当重要的。因为从眼神的交流中，我们可以看出两人的心态、关系，甚至是微妙心理的变化。例如，看视线是否交流，是否将目光投向对方；看视线注视的时间，是盯住一处不放还是匆匆一瞥；看视线的角度和方向，是迎面还是斜视，是由下而上还是由上而下；看视线的集中度，是凝神注视还是茫然。当然，通常情况下，直视与长时间的凝视是对私人占有空间或视力圈的侵犯，是不礼貌的。转移、回避对方的视线，是不愿意被对方看到自己的心理活动；睁大眼睛则是对对方所谈论的话题十分感兴趣。

1.眼神接触

当对方投来关注的目光，两人视线接触，表示对方对你有兴趣，想亲近你或关心你。如果对方完全不看你，那就是“完全不把你放在眼里”，这样的可能性比较多：或许是不想关注你，或许是看不起你的行为，或许是心里有鬼，对你怀有愧疚，或很在意你，但心里感到羞怯。

当然具体是什么样的情况，还需要根据实际情况而定。两个陌生人，偶尔视线相遇，通常会快速转移视线，自然地避开对方的视线，因为被对方注视太久，会觉得被看穿了，有一种被侵犯的感觉。

2.视线转移

有时候，人们会主动移开视线，这是一种强势的表现；有时则会被动移开视线，也就是逃避他人的视线。在沟通过程中，假如自认为站在高于对方的地位，那个人就会先移开视线，这样做会让对方处于被动的位置。当两个人陌生人见面时，快速移开视线的人，比较具有攻击性。在交谈过程中，回避对方、不愿意接受对方的视线，不愿意和人进行对视，表示当事人犯了错、心中有愧疚。

3.长时间盯住一个人

通常情况下，一个人说得越多，看对方的时间就越少；听得越多的人，看对方的时间也就越长。人们认为，在交谈中一直不移开视线，始终注视说话人的眼睛是一个诚实的行为，但这却给说话者带来极大的不安。所以，要想看清对方的意图，必须观察他说话说到哪里，进行视线交流。当人们开始说话的时候，一定要先把眼光从对方那里移开，这是一种避免分散注意力的方法。在开始说话时，视线交流的目的是通知对方要开始说话了，可以引起对方的注意；说话结束时抬起视线，意在想知道对方到底了解多少，并推断出对方的心理动态。

在日常交际中，我们经常会处于沟通的场合，这时就需要注意眼神的交流、转移以及移开。通常情况下，正常的眼神交流是时而交接，时而移开。因为在交际场合中，长时间地盯着一个人是不礼貌的行为，除非你的对象是艺术品、雕塑、风景、动物、舞台表演等。当你在看这些东西的时候，可以随心所欲地凝视，想看多久就多久，要看多仔细就看多仔细。但如果我们所面对的是人，就需要表现出应有的礼节和尊重。

第10章　嘴部微动作，唇齿间的变化显示内心涟漪

嘴巴对于人类来说非常重要，它不但是人类饮食呼吸的重要器官，而且在肢体语言方面也起着十分重要的作用。不管是古代的相术还是现代的心理学，嘴部微动作都是需要特别关注的肢体语言，是打开人内心世界的一把钥匙。

嘴部微动作的秘密

从生理学角度看，通常情况下，人的脸部肌肉会随着情感的变化而变化，其中以眼睛和嘴部四周的肌肉最为显著。按照嘴角弧度的不同，嘴部的动作可以分为很多种，或张开或闭合，或向上或向下，或向前或向后，或抿紧或放松，这样不同的嘴部小动作恰恰反映了不同的心理活动。例如，在生活中，容易被我们辨别的嘴部小动作包括：嘴角上扬表示喜悦，嘴角下垂表示痛苦，嘴巴大张表示惊讶，嘴唇紧闭表示生气，等等。

下面，我们就一一来揭示。

1.舔嘴唇

在生活中，当我们面临很大压力的时候，会感觉到口干舌燥，这时就会不自觉地用舌头不断地舔嘴唇，以便让它湿润一些。同样的道理，当人们感到不自在或者心理紧张的时候，也会

反复地摩擦嘴唇，以此寻找自我安慰，并希望通过这样的动作让自己镇定下来。不过，在日常交际中，如果一个人总是不停地舔嘴唇，那并不会让人感到他是一个自信的人，反之，这种动作只会让当事人更紧张。

2.抿嘴

当我们面临重大压力的时候，一种常见的反应就是隐藏或拉紧自己的嘴唇。随着内心压力的越来越大，原来丰满的嘴唇会慢慢变得扁平，最后成一条直线。而这个形态，恰恰表示人们内心的情绪和自信被大大打击，跌至谷底。心理学家分析，抿嘴唇是自我抑制的表现，就好像大脑在告诉我们“闭上嘴巴，不要让外界的任何东西进入身体”，不过，正是因为这个抑制情绪的动作，暴露了这个人内心的焦虑。

3.噘嘴

当一个人的嘴唇向前噘的时候，通常表示心存不满或有不同的意见。对此，心理学家分析，这是当事人希望将不同的意见拒绝掉的意思。有时我们会看到这样的情景：在开会时，当一个人不同意其他人的意见时，通常会做出这样的举动。当然，噘嘴并不完全是心存不满，因为有些爱撒娇的女孩子也经常做出噘嘴的动作。

4.撇嘴

当人们不开心的时候，通常会做出下唇向前伸、嘴角下垂的动作，这也就是我们常说的撇嘴。如果说嘴角上扬表示喜悦，那么撇嘴的动作则表达了一种负面的情绪。当人们内心感到悲伤、绝望、愤怒或者不屑的时候，嘴部就会出现这样的动作。如当克林顿深陷与莱温斯基的性丑闻，以及小布什被指责伊拉克情报失误的时候，我们都可以从其嘴部观察到这个细微的小动作。

尽管，在不说话或说话时，人们嘴部的小动作是异常丰富的，但人们往往忽视了其背后的心理含义。同样地，对于那些细微的小动作，心理学家经过研究发现，每一个小动作背后都隐藏了一个心理秘密。

唇齿相依泄露其真实情绪

俗话说："唇齿相依。"牙齿和嘴唇好像是一对好朋友，互相依赖，互为伙伴。当我们在说话的时候，需要依靠牙齿和嘴唇的碰撞，一张一合，就会说出一句流利的话；吃东西的时候，嘴唇张开，牙齿咀嚼，那我们就能品尝到美味的食物。然而，许多人并不知道，牙齿与嘴唇的碰撞也有一些小秘密。我们经常会在吃东西时不小心咬住嘴唇，那是钻心的痛。其实，咬嘴唇这样的小动作，不仅会出现在吃饭时，而且在说话时也会出现。像这样一些牙齿触碰嘴唇的行为，是可以泄露出一个人内心的真实情绪的。

中午，小敏被总经理叫到办公室，她一猜就没什么好事。果然，她推开办公室的门，就看见了总经理那张阴晴不定的脸。不过，即便是臭着一张脸，总经理还是客气地说："坐吧。"小敏小心翼翼地坐了下来，等待着总经理发话。

总经理一边整理自己手中的文件，一边说："小敏，你来咱们公司也有好几年了，应该说，各方面都不错，为什么昨天的工作会出现这样明显的错误呢？"小敏咬住嘴唇，不说话，总经理又开始说了："像你这样明显的错误，就是才进公司3个月的新人都不会出现，你进公司好几年了，却出现这样的疏忽，我确实很生气，也不知道当时你到底在想什么。"总经理的声音提高了，小敏保持一副毕恭毕敬的神态，始终咬着嘴唇，不说话。

过了一会儿，大概是总经理觉得自己把该说的都说了，于是，语气转为温和："你说说，认识到自己的错误了吗？"小敏小心翼翼地回答说："我知道了，不好意思，让经理操心了。"说完，又咬住了嘴唇。

在案例中，小敏出现了几个"咬嘴唇"的动作，虽然这个动作很常见，也很普通，但可以泄露其内心的想法。在交流过程中，一个人不断地在咬嘴唇，表示他正在思考对方所说的话，正在对自己的行为做出反省。而根据当时具体的语境，这样的判断是极为正确的。

那么，你知道牙齿和嘴唇碰撞到底有哪些秘密吗？

1.说话时咬嘴唇

心理学家认为，在日常交际中，出现咬嘴唇的动作表明对方在自我谴责，自我解嘲，甚至自我反省。对于他人所说的话，他正在认真思考。假如说话时以手掩口，那表示对方存有戒心，甚至在自我掩饰。

2.牙齿咬住嘴唇或双唇紧闭

心理学家分析认为，在与人交流的过程中，一个人用上牙齿咬住下嘴唇，或者用下牙齿咬住上嘴唇以及双唇紧闭，表示他正在用心地听另外一个人说话，他也许是在心里仔细地分析对方所说的话，也许是在认真地反省自己。

心理学家提醒大家，在表情中，牙齿与嘴唇的碰撞也会撞出不一样的火花来。通常情况下，一个人内心的秘密，会一一地写在脸上，呈现在人们面前。但人们潜意识里往往会有掩盖真实心理的想法，不过，某些面部表情的自然流露还是会泄露其真实的内心，如牙齿和嘴唇碰撞的秘密，也许我们所看见的只是一个“咬嘴唇”的动作，但其心里到底是怎么样的我们却无从得知。

嘴巴紧闭与张开的微动作

心理学家认为，当一个人不说话时嘴巴是紧闭的；当一个人说话时，嘴巴是张开的。在这两种情况中，嘴巴有紧闭和张开两个动作。其实，不仅仅是在说话或不说话的情况下嘴巴才有紧闭和张开的动作，在其他的情绪呈现中也会出现这两个动作。

而且，仅仅是紧闭和张开这两个明显的动作，也会表现出其内心情绪的不同。

1.紧闭的嘴巴

有时候，人们习惯性地紧闭着嘴巴，给人一种拒人于千里之外的感觉。看似不想说话，其实内心却有另外的情绪在涌动，有可能是哀伤，有可能是愤怒，等等。下面心理学家就闭嘴这个动作，揭示出其中有可能隐藏的情绪。

（1）悲伤

心理学家认为，在许多悲伤的脸上都会出现紧闭嘴唇的形态，不论是失声痛哭还是略带克制的平静忧伤。在这些表情中，因上唇在颧小肌或者提上唇肌的作用下发生改变，嘴角会保持向两侧拉扯咧开的倾向，不过这根本没有明显的变化。这样紧闭着嘴巴，是悲伤表情的典型形态特征，好像苦涩的瘪嘴，即人们在吞咽药水时很痛苦的表情。

（2）愤怒

心理学家认为，当一个人在愤怒的时候，大多也是紧闭着双唇的。这时嘴部形态直接取决于口轮匝肌、降口角肌，这两种肌肉的作用就是收缩，可以让嘴唇挤在一起。

2.张开的嘴巴

心理学家表示，张开的嘴巴并不表示这个人在说话，有可能是惊讶时的动作，也有可能是恐惧时的动作，还有可能是大哭时的动作。

（1）惊讶

当人们在惊讶的时候，嘴巴会不自觉地张开，配合一次快速的吸气，只有下唇在下巴的带动下自然向下轻微地张开，嘴唇表面皮肤不会变紧，也不会向两侧拉伸。在惊讶时，人们嘴巴张开这个动作，纯粹是为了吸入更多的空气，从而为身体的下一步动作做好准备。当然，在这时嘴巴张开并不会拉动嘴部周围的肌肉，而单单是下腭有意地打开，让嘴巴张开，然后快速地吸气。

（2）恐惧

人们在恐惧时一样会张开嘴巴，脸上露出惊恐的神态。在恐惧表情中，上唇被提升，嘴角被颈阔肌向两侧大幅拉开，下唇也不光是随着下腭的垂落而打开，而是在降下唇肌的作用下被拉长、下降，露出部分下齿。这样一个张嘴的动作，是出于呼吸本能的需求而做出的，这与我们因恐惧而全身进入紧张状态、皮肤变紧的性质是相同的。

（3）大笑

大笑时，在颧大肌的作用下，提口角肌、提上唇肌等其他与上唇有关的肌肉会收缩。这时，上嘴唇在这些肌肉的影响下几乎提升到了最高位置，将上齿全部露出，甚至还会露出部分上齿牙龈。大笑的时候，下腭下垂，使嘴巴张开，不过，这时下巴不仅下拉，还会向颈部移动后贴，下嘴唇也会被大幅拉伸，表面变得平滑。

当人们了解到闭紧嘴巴，有可能是悲伤或愤怒；张开嘴巴，有可能是惊讶，恐惧，大笑，就不会再单一地将张开嘴巴理解为说话，将闭紧嘴巴理解为不想说话。有时候，嘴巴简单的闭合动作，却隐藏着当事人最真实的情绪，因此千万不可忽视这个细微的变化。

从嘴唇形态窥其内心秘密

当一个人不说话的时候，紧闭的嘴巴也会泄露一些小秘密。而对于女孩子而言，有漂亮的嘴型会给自己加分不少，她们最理想的嘴巴就是轮廓分明、有棱有角、嘴角上扬、唇色红润、唇纹深明。在微笑的时候，不露出牙龈。不过，所谓的理想总是离现实差了一大截。对此，由于天生带来的因素，人们的嘴型在一出生就决定了是什么样的形状。不过，单就嘴唇的形态，我们也可以看出一个人内心的秘密。

1.大嘴巴

心理学家认为，有一张大嘴巴的人心胸宽大，为人随和、大方、慷慨、干脆，而且志向远大，比较有主见。当然，这样的人也并不是完美无缺的。当嘴巴合拢时，双唇松垮，没办法紧闭，那就表示这个人在金钱上不懂得节省，没有量入为出的观念，很容易出现浪费的情形。当然，我们所指的大嘴巴，是双唇无法合拢紧闭的人。

2.小嘴巴

女人总希望自己拥有的是樱桃小嘴，小嘴巴的人个性比较守旧，心胸不大，喜欢安于现状。由于嘴巴较小，其企图心也比较小，这将导致其不太擅长社交活动。嘴型太小的人，不管男女，都是自我优越感很强的人。在他们眼里，似乎只有他们才是真正有才能的人，别人可以受苦，但自己却不行。因心胸狭隘，很难容得下别人。

3.上嘴唇短

心理学家认为，上唇内缩短窄的人，最喜欢的就是论人是非，到处说人闲话。这种上唇较短的人，性情上比较自我主义，对自己很没信心，对别人也常常疑神疑鬼，只要身边的人不在乎他，或者是没有尊重他，他就开始唠叨抱怨。平日里是如此，假如你真的得罪了他，那他肯定会严厉地批判你，而且，还会在背后将事情传播出去。

4.唇翻露齿

心理学家认为，唇翻露齿的人在性格上，大多比较热情，比较愿意为他人着想，大方，而且很有人缘。但是，因为上唇比较短，意味着他们的受挫能力和意志力不是很强，并且不善于解决问题，抗压能力也比一般人小。最关键的是，一旦他们遇到和自己切身利益相关的事情，或者受到了比较大的压力，就会想要逃避，甚至为了一己之私在短时间里翻脸无情，不惜损害别人的利益。

原来，不说话的嘴巴也能透露出这么多的小秘密。其实，不仅仅如此，嘴唇的唇纹较深且条理清晰的人性情开朗、亲和力强，为人随和，容易相处，而嘴唇上没有唇纹的人个性比较孤僻，容易孤芳自赏；嘴角上扬的人，性格乐观，很容易与人建立友好的关系；嘴角下垂的人性格比较偏执，容易心存不满，在人际交往中不善于主动。此外，从中医方面说，唇色红润是健康的象征，如果嘴唇发紫、发青、发白，则表示身体欠佳。

嘴角形态反映其真实情绪

小时候，我们都玩过这样一个游戏——贴嘴巴，也就是在不同的脸上贴上不同表情的眼睛和嘴巴，然后观察组合成的新表情。不同的搭配之下自然就会产生新的表情，不过，即便在同一个眼睛的表情搭配不同的嘴巴表情，最后的结果也是令人惊讶的。我们常说眼睛是心灵之窗，是一个人情绪的全部表现，其实嘴巴也是面部重要的表情器官。

嘴巴有四种基本的运动方式：张开闭合，向上向下，向前向后，抿紧放松。随着这四种运动方式的改变，嘴角会呈现出不同的形态。这些丰富的嘴角形态，反映了当事人处于何种情绪中。

1.嘴角上扬

嘴角上扬，这个表情动作是最容易辨认的。心理学家分析，当一个人开心的时候，他的嘴角就会不自觉地上扬，这是真实情绪的自然流露。假如一个人只是勉强露出微笑，那你可以观察一下，其嘴角没有任何动作，即便勉强保持嘴角上扬的动作，但嘴部的肌肉明显都是僵硬的。

2.嘴角扁平

在什么时候一个人的嘴角才会出现扁平的形态呢？那就是当他把嘴唇抿成“一”字形的时候。心理学家分析认为，大多数人在需要做出重大决定或事态紧急的情况下都会有这样的反应，这表示他处于思考状态中。而且，这样的人大多比较坚强，具有坚持到底的精神，面对困难从来不会退缩，因此，习惯做出这种动作的人很容易获得成功。

3.嘴角上挑的人

心理学家认为，相比嘴角上扬，嘴角上挑的人看上去有点儿傲慢，这表示其内心处于强烈的优越感中。这样的人机智聪明，性格外向，能言善辩，善于和那些陌生人成为朋友。他们胸襟开阔，有较强的包容心，即便那些曾经伤害过他们的人，他们也从来不放在心上。

4.嘴角向后

在与人交谈中，假如其中有人嘴角稍微向后，那表示他正在集中注意力听别人说话。

5.嘴角下压

在面部器官中，当一个人嘴角下压的时候，使得这个人的整个嘴部都会有下垂的动作。这样的嘴角动作，表示当事人处于负面情绪之中，有可能是悲伤、懊恼、抑郁等。尽管他在极力掩饰内心的这种情绪，但其嘴角的细微动作还是将其内心的秘密显露无遗。

嘴角的动作是因嘴部的上唇提肌和下唇肌共同作用而成的，或嘴角上扬，或嘴角上挑，或嘴角下垂，等等，这些看似细微的动作却可以泄露出一个人内心最真实的秘密。因此，千万不要忽视嘴角动作的变化，一旦嘴角发生了细微变化，就预示着这个人内心情绪发生了变化，因为真实情绪往往会隐藏在嘴角的变化之中。

嘴型所隐藏的真实品性

在相学上，嘴巴代表出纳官，是一个人的门户。常言道：“病从口入，祸从口出。”一个人嘴巴好，代表门户好，代表一个人一生没有祸端，身体健康。如果嘴巴长得不好，那正好相反，容易因说话惹祸，同时也给身体健康带来损害。不同嘴型的人，其真实品性也会有所区别。

1.嘴巴突出

心理学家认为，嘴巴突出的人充满野性以及生命力。从人种方面看，嘴巴最突出的应该是非洲的黑人，其次是亚洲人，最后是白人。嘴巴突出的人，在说话以及行动方面，往往会有极度的自负倾向，为了坚持自己的原则，他们会使用强硬的手段。如果是女性，那么其自我意识会比较强，能力也比较突出。

2.嘴巴凹入

有的人嘴巴凹入，这样的人大多比较保守，比较顾忌别人的想法，不大敢发表自己的意见。通常情况下，他们一天都会处于闷闷不乐的状态。假如是女性，可以被看作温柔内向；假如是男性，就会被看作懦弱胆怯。

3.嘴唇薄

有的人上下嘴唇特别薄，轻轻一闭合，就好像成了一片。心理学家分析认为，这样的人比较精打细算，个性十分冷静，自我本位比较强。假如是女性，那么她一定是比较喜欢唠叨的人，容易惹来另一半的厌恶。

4.嘴唇厚

有的人上下嘴唇都比较厚，这样的人感情丰富而且亲切，只是太容易因感情误事。如果是女性，则很容易陷入感情中，难以自拔。对于这样的人，要克制自己内心过于丰富的情感，这样人生之路才会更加顺畅。

5.上唇比较厚

有的人上唇比较厚，这样的人可以显示其内心感性的一面。如果是女性，则比较容易受到异性的青睐，而且异性缘是相当的好。此外，上唇比较厚的人，通常比较冷静，能沉得住气，很理智。这样的人有活力和朝气，个性随和，不过嫉妒心比较强，尤其是在感情中，对于一切距离自己另一半比较近的人都怀有强烈的妒意。

6.上唇薄

有的人只是上唇比较薄，这样的人只愿意接受感情，却很少为对方付出，在感情上有自私的倾向，是不适合共患难的人。反之，那些下唇比较厚的人，说话风趣，容易受到别人的喜欢，比较自我。有的人上唇薄而尖，这样的人口才十分了得，言辞很锋利。

7.下唇突出的人

有的人下唇比较突出，用医学语言，可以称为“下腭前突”，有些是因为遗传而来的。心理学家认为，这样的人情感很淡薄，假如是已经结婚的男性，那他通常跟妻子的感情不和睦；假如是女性，也是这样，因拥有较强的个性，即便是有婚姻也难以保持长久。

在命理学中，从一个人的嘴相，我们可以了解其命运是怎样的。也就是说，嘴相和命运是息息相关的。例如，从嘴的大小、弹性而言，我们可以测出一个人的健康度、行动力与生命力；而从嘴的结实程度而言，我们也可以测出一个人意志的强弱。此外，从嘴唇的厚薄而言，我们可以知道一个人对感情的深度；而从嘴的轮廓、形状而言，我们可以知道一个人的意志、理性的程度。所以，我们说，一个人的嘴巴会显示其真实的品性。

第11章 手部微动作，可能会不经意间泄露你的隐秘

手势作为肢体语言的一种，可以很直观地表示一个人的情绪和态度，对说话也有一定的辅助作用。手势语言是人类表情达意的最有力手段，在肢体语言中占有最重要的地位。一个小小的手部微动作，可能会不经意间泄露自己的隐私。

小动作表露不为人知的内心世界

我们都知道，人的手部动作有很多种，不同的动作会传达出不同的心理信息。可能你曾有这样的疑问：在与你交谈的过程中，坐在你对面的人总是喜欢用手指玩弄头发，这是习惯还是下意识动作？我们不能排除前者，但大部分情况下，人们之所以会有这样的手部动作，是因为内心紧张，不断地拨弄头发，能帮助其缓解压力。如果你能看到这一细小的手部动作背后的含义，并做出具体的应对措施，能帮助你成为一个善解人意的人。

对此，我们不妨先来看下面的故事：

李武攻读完心理学硕士研究生以后，被一家心理学机构高薪聘请，但缺乏实战经验的他被安排在最底层实习一个月，自然，这在情理之中。

有一天下午4点左右，他遇到一个麻烦的客户，很多问题他解

决不了，大家都在忙，他想，去问主管吧，刚好可以交流一下。当他敲门进去的时候，主管正在看一本杂志，李武还在想，做领导真好，这么悠闲。于是，李武详细地把事情和主管说清楚，可是他却注意到了主管的一个动作：主管在听自己说话的时候不断地用手拨弄自己的头发，主管的头发很短，很明显，这不是头发乱了的原因。根据曾经看过的心理学书籍，李武推测，主管大概是遇到了什么事情，有巨大的压力。再一看，主管办公桌上有一封信，并不是公司信件，李武明白了，估计刚刚主管看杂志也是想让自己镇定下来，于是，为了不打扰主管，李武找了个理由离开了办公室。出了办公室后，李武问了主管秘书到底是怎么回事，原来是主管在美国的老父突然病逝，昨天寄来的信。

这天下班后，李武并没有着急回家，而是等在公司大厅，后来，主管出来了，李武拍了拍他的肩膀说："不要伤心了，走，去喝一杯。"主管先是一惊，李武是怎么知道的？但无论如何，他还是答应了。那天晚上，半醉之下，主管跟李武说了很多掏心窝子的话，尤其是老父亲是怎么辛苦培育自己的。

经过那次之后，李武便和主管在私下成了最铁的朋友。

毕竟看过心理学书籍，从主管的小动作中，李武就看出了他有心事急需平静，便不再打扰，聪明的他很快又从秘书那里得知到底发生了什么事，然后便充当了一个知心朋友的角色，主管从中感觉得到李武的善解人意，关系自然会拉进一步。

从这个故事中，我们不难发现一点，人们很多不经意的小动作其实并不是习惯使然，而是有一定的心理原因。例如，玩弄头发就是心理解压的象征。当然，有同样含义的动作还有很多种，如拨弄外套上的纽扣，把餐巾纸折来折去，不断地变换坐姿，抖脚，手指头像弹钢琴般来回敲打桌面。

那么此时我们该怎么做呢？对此，应该做的是让他分心，阻止他继续钻牛角尖。否则，压力就会像滚雪球般越滚越大，切忌不断地逼问他到底发生了什么事。贴心的你可以将心不在焉的他拉回现实，邀他到公园散步、唱歌、跳舞、运动、看电影等，依赖另一种活动引起他的兴趣。在从事这些舒缓压力的活动中，一般来说，他是能从烦心事中抽离出来的，此时，他便极有可能将产生压力的原因告诉你，你们之间的关系必定会更近一步。故事中的李武所选择的处理方式便是陪主管喝一杯，酒逢知己千杯少，几杯酒下肚，对方自然会对你掏心掏肺，内心的压力也就倾诉出来了。当然，许多时候，他也未必透彻了解自己的烦心事因何而来，这需要你慢慢引导。

当人们有不断用手指玩弄头发这样的一些肢体动作特写时，排除一些其他因素的情况下，说明对方有一定的心理压力，这时你应该做的是帮助对方从烦心事中解脱出来，做个贴心的人，这样你的人际关系会越来越好。

手掌的基本姿势语言

我们都知道，一个人的举手投足都有可能是某种心理活动的显现，而对于手部而言，能产生动作的除了手指外，还有手掌，这也是人们在做心理活动分析时常常忽略的。著名的语言学家皮斯夫妇发现，手心向上往往没有恶意，表示妥协、服从、接纳和邀请，好像在说“我是坦诚的”“我手里没有武器”；而手心向下，则代表权威、地位、命令和抗拒。这就是手掌动作向我们传达出的内心秘密。对此，我们先来看下面一个心理故事：

小湖是一个长相一般的女孩，生在一个三口之家，也做着一份普通的工作，但她却觉得十分幸福，因为她有一个十分疼爱自己的男朋友，他叫林建。转眼，他们恋爱3年了，也到了谈婚论嫁的年纪，林建决定将小湖带回家见见父母。

在林建向小湖说了这件事之后，小湖就紧张了，因为她听周围的很多姐妹说，未来婆婆在见儿媳妇时都会挑三拣四，甚至很排斥，如果被林建的母亲反对，那她和林建很有可能因此面临分手。尽管林建一直安慰她，并称自己的妈妈很和善，也很开明，不会有什么反对意见，但小湖一直还是忧心忡忡。

后来，有一天，小湖遇到了自己一个开心理诊所的同学，向他提到了自己的烦恼，这位同学听完之后便给出意见：“其实，我觉得很简单，你要想知道他妈妈对你的意见，在会面时就能了解到，如果她真的如你男朋友所说的那样和善，一般会有个动作——摊开手掌，反过来，她的手心就是向下的，了解了她的想法，你再做下一步打算。”

小湖得到指点后，便有了底气。这天，她穿着得体、谈吐大方，林建母亲乐得连连点头，正如这位同学所说的，小湖注意到了一点，自打她进林建家家门，就看到了他妈妈摊开的双手。果然，林建没有撒谎，他的母亲是个和善的人。

从这则故事中，我们看出，一个人在内心接纳另外一个人的时候，他会有一个手部动作——掌心向上，这是在告诉对方：我欢迎你，喜欢你。人际交往中，如果你看到这一动作，那么证明对方有与你交往的欲望，你可以与之侃侃而谈了。

反过来，一个人在拒绝或命令他人时，手心往往都是向下的。我们知道，纳粹分子的发起者希特勒有个著名的敬礼姿势，其手心就是向下的，我们不难想象，这个小个子在敬礼时如果掌心向上，谁还会把他放在眼里？

另外，细心的你可能发现，一对情侣，他们在牵手时，大部分情况是女孩子手心向上，男孩子手心向下，这说明了男孩子的强势和女孩子的顺从。

与人交谈中，一旦你摆出手心向下的手势，你在对方眼中的权威性就会立刻大增。假如你和对方的身份与地位平等，当你提要求时手心朝下，他可能会觉得你太霸道；假如你在推销或汇报工作，从对方的手心可以看出他对你是不是还心存芥蒂，从而知道自己是否应该少说点儿或者换个说话方式；但假如你是上司，那么手心向下会增加你的威严，让人觉得你不怒自威。

那么，具体来说，手掌部位还有哪些动作，又能传达出怎样的内心秘密呢？

1.十指交叉

在交谈过程中，如果对方下意识地将双手交叉扣在一起，这表示对方对你表达的意见持相反态度，他正准备选择合适的时机反驳你。这时，你要准备应对对方的相反意见。

2.合掌伸指

合掌伸指是日常交往中表意最明显也最强烈的一个手势，有指示、命令对方去做某事之意。因此在日常交往中，一般不要对对方做出合掌伸指的手势，这会引起对方的强烈反感。

特别要注意的是，在马来西亚和菲律宾，这样的手势表示对别人的侮辱，一定要注意文化差异，不要触犯了民族情绪。

掌握了不同手掌姿势代表的含义，我们和别人的交往就会顺畅许多，也可以有效地利用手掌的力量去求得更好、更理想的交流效果。

合掌伸指的手势是极不礼貌的

前面，我们已经分析过，人的手掌可以做出四种动作，手心向上、手心向下、十指交叉和合掌伸指。不同的动作代表不同的含义。在这四种动作中，合掌伸指是日常交往中表意最明显也最强烈的一个手势。合掌伸指的全部焦点凝聚在食指上，命令味道十足。它所传达出来的含义是攻击性、强迫性，甚至侮辱性的。在马来西亚和菲律宾，这一动作是极不礼貌的，因此，我们应极力避免。不妨先来看下面一个心理故事：

敏敏是一名外科医生，没事时喜欢看一些心理学书籍，这几年，通过这些书籍，她将周围的人和事看得更清楚了，不过这也为她带来了困扰。例如，她发现，她的丈夫就是一个很强权、霸道的男人，尽管过去她已经有所察觉，但是每次她都忍过去了。

她的丈夫是一家外企的高级主管，月薪上万，开着名车。她们相恋3个月就结婚了，如今有一年多时间了，在外人眼里，敏敏太幸福了，有这么一个优秀的老公。事实上，敏敏明白，那些所谓的温柔浪漫、逢节日不变的鲜花和巧克力、定期的名牌礼物都是做给外人看的，她需要的是一个贴心的爱人，而不是随时发号施令的上级。

一到家里，他就希望敏敏什么都听他的，稍有不顺心，他就会生闷气或者摔门出去。他希望的是，敏敏不要去工作，就在家做全职太太，每天为他准备好丰盛的晚餐等他回来，每天为他放好洗澡水。敏敏有时候也会问自己，这样的生活不是很多女人想要的吗？是不是真的应该满意了？至少不用担心经济和物质问题，至少在外人看来是幸福的，至少有个长期饭票，有大把的空余时间可以拿来挥霍。但敏敏明白，这不是自己想要的。这个男人不是真的爱自己，而只是为了满足他的控制欲，但敏敏还是决定给他最后一次机会。

这天晚上，敏敏下了晚班回来，看见老公坐在客厅沙发上，一言不发，表情僵硬，敏敏就刻意讨好地问：“亲爱的，晚上吃什么？”

“吃什么？这应该是我要问你的吧，一个家，每天冷锅冷灶的，算什么？”他的言语里都是指责。

“我也要上班啊，每天忙得半死。”敏敏也抱怨。

“你那个破班，挣得了多少钱，早叫你不要上了，算了，算了，你还是去做饭吧。”说这话的时候，敏敏分明看到了他的手握成一个拳头，同时伸出一个手指。这是什么意思？这是在支使下人吗？敏敏明白这个动作背后的含义，这是一种侮辱，凭什么他可以这样侮辱我？她再也忍受不住了。

于是，敏敏鼓起勇气，对丈夫说：“陈一建，我们离婚吧，这是我第一次对你提要求。我是你的妻子，不是你的仆人，我受够了……”敏敏在说完这句话后，有了从未有过的轻松。尽管她的丈夫还蒙在鼓里，那么温顺的一个女人，怎么会突然说出这样义正词严的话。

这则故事里，让主人公敏敏下定决心离婚的是，她的丈夫一个带有侮辱性的动作——合掌伸指，这里，我们足以看到这个手势的负面含义。

要知道，任何人都渴望被尊重，这也是人际交往中人们最基本的权利，如果有人的尊严被犯，人们是会有反感甚至对抗情绪的，而合掌伸指有侮辱的意味，具有典型的攻击意味，感觉那种隐藏在手指后迫使人妥协的力量，自然会让人们心生不快。因此，日常交往中，我们尽量不要做出这个动作，以免引起对方的强烈反感。

十指交叉背后所隐藏的消极情绪

我们都知道，人的手是由手掌和手指组成的，不难想象，手指能产生更多的动作。在人际交往中，想必你会发现，不少人在交谈时有双手手指交叉的动作，这一动作是不经意的习惯还是暗藏了什么玄机？我们不妨先来看下面一个心理学故事：

布朗克是一名经验丰富的司法审讯人员，常被同事们开玩笑地称为“神探布朗克”。有一次，他接到上级命令，要对一个巨大的跨国诈骗集团的头目进行审讯。

这名犯罪嫌疑人叫杰森，曾就读于国外一所名牌大学的金融系，还同时拿到了法律系的毕业证书，可以说是一个人才，他深谙如何钻法律空子挣钱。

刚开始，审讯工作很难进行，因为杰森确实太聪明了，他也很熟悉警方的办案程序和审讯程序。从表面上看，无论布朗克问什么，他都很配合地回答，但他的答案简直滴水不漏，布朗克根本找不到任何破绽，他根本分不清杰森哪句话是真的，哪句话是假的。就这样，布朗克审讯了杰森好几天也没结果。他为此很担忧，因为根据规定，如果扣留嫌疑人一定的时间再找不到证据，就必须放人。布朗克告诉自己，决不能让杰森逍遥法外。最后，倍感焦急的布朗克接受了他学心理学的妻子的一个建议——看对方的无声语言：手势。

后来，布朗克派人悄悄地在审讯室里装了几台摄像机，这样，他便能在审讯结束后看清楚杰森的一举一动。

果真，在看录像带的时候，布朗克发现，杰森的手势发生了改变：在回答某些问题时，杰森的双手很自然地放在腿上一动不动。在回答另外一些问题的时候，虽然杰森的眼睛依然十分镇定、真诚地看着布郎克，回答的内容也没有任何破绽，但双手开始不自觉地做十指交叉状。布朗克以此为线索展开案件调查，终于把杰森绳之以法。

也许直到银铛入狱的那一天，杰森也无法理解自己哪里出了纰漏。其实，帮助布朗克破案的关键就是“十指交叉”暗喻的心理，它是掩饰自己内心真实想法的外在表现。

的确，生活中，也许我们会经常做出十指交叉这一手势，我们会认为这是个不经意的动作，而实际上，这一动作也是一个内心情绪的体现。具体来说，有以下几种。

1.十指交叉，双手紧握

此时说明对方已经开始自我否定了，他的内心是沮丧和消极的，如果你与他较量，那么此时就是你一举拿下对方的最好时机。

2.十指交叉，放在大腿上，并且伴有拇指指尖相顶

这一动作说明对方处于比较尴尬的境地，不知如何自处，或者是谈话内容让他感到进退两难。当对方出现这种手势的时候，我们不妨给出几个建议，让他进行选择。

3.十指交叉，自然放置

这一动作说明对方此时心平气和，并且比较自信。如果你希望对方接受你谈话的论点，那么想必你要找出一些强有力的证明来了。

4.十指交叉，一手手指抚摸另外一手

这一动作说明对方此时内心比较不安、焦虑，或者处于高压或怀疑的情况下，他这一动作是为了安慰自己的大脑，与他们接

触和谈话，你首先要做的就是给对方信任感，让对方安稳下来，使其愿意接受自己，对自己敞开心扉。否则，双方沟通就会很困难。

5.十指交叉，眼睛平视对方

出现这种手势说明对方已经失去耐心，正在压抑内心的不满。此时，应该把话语权交给对方，或者停止交谈，以免引起对方的反感。

6.十指交叉，放在脸前

这是一个十分明显的敌对动作。当对方做这个动作的时候，就传达了“别说了，我不想听”“我不相信你”“我不认为这个不可行”“我想结束谈话”等消极情绪，此时应该结束谈话。

7.十指交叉，放在胸腹之间

出现这一动作说明对方已经在心里拒绝了你。此时，即使你再强调自己的观点，对方也不可能再接受你。你可以采取另外的一些较为轻松的交流方式，如先为对方送上一杯饮料。总之，要想办法让对方解除十指交叉的姿势。否则，他就会拒绝你所有的想法和观点。

8.十指交叉，双手拇指向上伸

说明此人此时对交谈的内容很感兴趣，并且对自己说的话十分有信心。

总的来说，十指交叉手势，手位置的高低与消极情绪的强弱有关，较高位置的十指交叉比较低位置的十指交叉更消极、更抵触。所以，当对方做出十指交叉手势时，不要再认为这是一个不经意的动作了。

当一个人十指交叉于身体的不同部位时，它所体现的情绪和心理都是不同的，学会通过手势解读对方内心的真实想法，对我们做事情来说是有百利而无一害的。

双拳紧握藏匿的愤怒情绪

夏小生是一名警察，他最近遇到了一个棘手的案件：一名女子在自己的家中被谋杀。根据罪犯的犯罪动机，夏小生把死者生前可能有过节和相关联的人都请到了警察局，其中有死者的前男友、现任丈夫、债主、公司有过节的上司。但根据这些人的口供，夏小生发现，他们都有不在场的证据，这让夏小生很头疼，“到底谁是杀人凶手呢？到底有什么破绽我没找到呢？”

“其实，问题一点儿也不难，他们不是什么间谍，也不是联邦调查局的人，肯定会露出马脚的。”夏小生的上司突然站在他身后，说了这句话。

“那么，您觉得谁是凶手？”夏小生问。

“她丈夫。”上司很干脆地说。

“能告诉我您判断的理由吗？”

“我不知道你注意没有，这个人真的很奇怪，根据他的描述，他应该很爱自己的妻子，那么，在妻子去世时应该很悲痛，但事实上，他并没有这样的情绪。相反，他紧握双拳，脸部肌肉紧绷，很明显，这是一种愤怒的情绪，当然。他也有可能是恨凶手，但我想，面对一个没有找出来的人，他不会有如此明显的情绪……一个男人恨自己死去的妻子到这种地步，想必应该是情感问题，你去查查死者生前都和什么人接触过，也许会有新发现。”

夏小生听懂了上司的意思，于是，他展开了新的调查。果然，他发现，死者一个多月前就已经出轨了，通过搜证，警察还在死者的地下室找到了一把凶器，上面的指纹经过证实是死者丈夫的，终于真相大白了。

“是的，她是我杀的，我那么爱她，她要什么，我买什么，每天一下班我就回家带孩子做饭，这个贱女人，居然还不知足，出去找男人。那天半夜，她衣衫不整地回来，回来后还和那个男人通暧昧电话，我实在受不了了，就拿起厨房的水果刀捅在她的肚子上……”

这则故事中，我们不得不佩服夏小生上司的观察能力，在几个同样有嫌疑的人中，他很快发现了死者丈夫的一个异常小动作——紧握双拳。通常来说，这是一种愤怒的表现，并且，对方紧绷的脸部神经也证实了他的判断。在排除其他可能的情况下，他得出结论：此人大概就是杀人凶手。

的确，人的情绪有很多种，很多可以隐藏，但愤怒、憎恶却是不易被隐藏的。因此，如果一个人要对你可以掩饰自己的愤怒情绪，那么他势必会减少与你目光直接接触的机会。潜意识中，他担心你一旦直视他的眼睛，内心的焦躁不安就会被你看穿。不自觉地握紧双拳也是即将发怒的象征。最后，你再看看他的下腭和脸颊骨是否紧紧地绷在一起。假使他抿住双唇，脸颊两侧近下腭的肌肉不停地抽动收缩，那他内心深处真的是怒火熊熊了。

相对而言，在愤怒时，男性更倾向于这一动作。例如，在与妻子吵架过程中，大多数男性宁可保持缄默，也不愿意与女人发生正面冲突。如果你是位妻子，那么想知道他为何发怒，不妨直视他的双眼。倘若你与他的目光相遇之后，他只瞪了你一眼便立即转移视线，那八成你就是惹他发怒的导火索。这时，你最好直接跟他讲："看得出来你很不高兴，出问题了吗？"这表示你愿意与他一起解决麻烦。如果他是因别的事而生气，不妨让他明白，你可以充当他倾诉的对象，再慢慢安抚他。而对于那些经常紧握双拳的人，他们多半是懊恼和悔恨的人，容易紧张，多半的时候在人际关系上欠缺自信，经常需要修整自己才能够和别人有一个良好的关系，内心有很多怨恨，没办法解决。对于经常有这样情绪的人，需要咨询专业心理人士，获得帮助。

与人说话的过程中，如果对方有这样的肢体动作特写：紧握双拳，目光游移不定，下腭紧绷。那么，我们大致可以判断出一点：你的话或行为可能惹怒了他。

握手礼的禁忌动作

我们都知道，社交活动中，人们行握手礼，是为了得到他人的认同和欢迎，但有些时候，却事与愿违，让对方产生了反感情绪，这是因为人们选择了错误的握手方式。心理学家建议，无论何时何地，都不要使用以下8种最不受欢迎的握手方式。

1.死鱼式的握手

对于曾与多数人握手的人来说，这也许是他们最不想遇到的握手方式了吧，尤其是当你握的是一双冰凉且黏糊糊的双手时，感觉会更糟。你可能会觉得，这真是个软弱无力的人，好像谁都能将他的手掌翻过来。在你看来，他必定也是个缺乏责任心的人，连两人见面时的义务和责任都有可能不愿意承担。

当然，我们不得不说的是，这种情况不能一概而论，因为地域差异，在亚洲和非洲的一些地区，这种轻柔的握手方式才是正确的，强硬者反而是不被欢迎的。

不过，最让人感到惊讶的是，很多使用这种死鱼式握手法的人并没有意识到其负面影响。因此，当我们决定使用何种握手方式之前，最好能够先询问一下身边的朋友对自己握手的方式有何意见。

2.摧残式的握手

我们先来看下面一个故事：

唐芬是一家大型婴幼儿用品生产公司的老总，手底下有近千号人，可以说是一名成功的现代女性。从她18岁开始创业到现在的35岁，在这17年里，唐芬从未怕过谁，但最近，她遇到了一个恶毒又犀利的商业竞争对手，甚至连半点儿怜香惜玉之心都没有。

唐芬还记得那天，她应邀参加一个商业晚会。会上，她被引见认识一个姓龙的同行，握手时，唐芬感觉自己的手指都要被捏断了，这哪是在握手，分明是在谋杀。当然，疼痛难忍的唐芬也没有叫出声来。回家后，唐芬心想，此人如此不近人情，应当提防，在出现此人的场合，唐芬总是开玩笑地说："你的手力气太大，上次领教过了，我可不想自己的手残废，都熟捻了，握手什么的就免了吧。"

故事里，唐芬遇到的这个人就是在使用摧残式的握手方式。在所有握手方式中，最令人生畏的莫过于这种了。因为它可能会让你感受到强大的被侵略的力量，更有可能对你的身体产生伤害。

在一些场合，一些人在与他人握手时，为了占领先机、先发制人，会把全身力量都集中在手部。在与他握手时，你会觉得自己指关节都要被捏碎了。而如果你在右手戴了戒指的话，甚至觉得一刹那手已经被划伤了。

而最不幸的是，对于这种霸道得不近人情的握手方式，我们并没有很好的办法可以制止。假设你已经明晓对方是恶意为之，可以让所有人注意到这一点，“天啊，你把我的手握得好疼啊。你的力气实在太大了。”如此一来，他就不得不有所顾虑，在握手时有所收敛了。

3.点到为止式的握手

点到为止式的握手方式多发生在异性见面问候时，一般来说，是因为一方没注意到另一方发出的握手邀请，而当其意识到时便想补救，结果在慌乱中只好点到为止地握了握手。

这样的人看似热情，其实内心缺乏自信，通常不能肯定对方是否会回应其邀请。假如你遇到了类似的情况，可以用左手拉过对方的右手，轻轻地放到自己的右手中，然后微笑着对他说:“我们重新来一次，好吗？”最后再与对方以平等的方式握手。这样做能让对方感受到你的热情和对他的尊重，也会对你留下好印象。

4.老虎钳式的握手

有控制欲的男性通常喜欢这样的握手方式，但也有一些纸老虎会通过此方法为自己造势。

5.单刀直入式的握手

单刀直入式的握手方式体现出来的是使用者性格中好胜的一面，而这种方式最主要的目的就是与对方保持一定距离，使其远离自己的私人空间。他们甚至还会将身体稍稍前倾，或是将重心转移至一只脚上，从而确定其私人空间不受侵犯。

6.扳手式的握手

善于弄权的人对扳手式的握手可谓是青睐有加，而这种握手方式的受害者则常常会因为对方用力过大而疼得热泪盈眶，更有甚者，有的人还因此而韧带受伤。在他们握手之后，紧跟着的是，握手双方中的一方用力抓住对方伸出的手，与此同时忽而发力，将对方向自己这边猛然一拉。结果，被拉的一方往往因为身体失去平衡而乱了方寸。

7.压泵式的握手

压泵式的握手方式带有浓厚的田园色彩，不难想象，其动作就好像是握住水泵的手柄，用力且有节奏地上下快速摇动。

其实，这样的握手动作并非完全不能接受。可最大的问题是，他们似乎钟爱于这一握手方式，如果你不打断他，他会一直摇下去，好像真要从对方的手中摇出点儿水来。

8.荷兰式的握手

荷兰式的握手方式源自荷兰，而且从其本质来看，似乎多少与素食主义者有点儿关系。在荷兰，人们称这种握手方式为“胡萝卜串式的握手”。说起来，这种握手方式与死鱼式的握手算是远亲，只不过力度显得更大，而且摸起来感觉要干燥许多，没有那种湿乎乎的恶心感。

任何一个参与人际交往的人都应该明白，握手的本意是增进人际感情，是为了增添在彼此心中的好感，因此，以上8种令人反感的握手方式最好避免。

第12章　腿脚微动作，暴露人们内心的丰富信息源

假如你是第一次遇到某些人，那么对对方腿部和脚部行为的观察就变得非常重要，这些动作可以告诉你对方的真实感觉。因为双脚是我们身体中最诚实的部分，如我们可以通过转向脚这种信息来判断别人是否愿意见到我们，或是否愿意离开我们。

脚部是最诚实的部位

正如人体的其他部位有表情达意的功能一样，脚也有属于自己的语言，即“脚语”。所谓脚语，指的是在人坐立行走的过程中脚发出的声音、做出的动作、指向的方向等。人的性格不同，走路的风采各异；人的心情不同，走路的姿势也不同。脚语是一种情绪的节奏，能够反映出一个人的脾气秉性、心理状态、情绪等。

经过长期研究，英国心理学家莫里斯得出了一个非常有趣的结论——“人体中，远离大脑的部位最可信”。顾名思义，脚是人体中距离大脑最远的部位，因此，脚是最诚实的部位。虽然人的脚步经常因时因地而异，但是，每个人仍然有固定的脚语。因此，你即使不用眼睛看，而只听那或轻或重或急或稳的脚步声，就能判断出是否是自己熟悉的人。

除了脚步声之外，脚部还有很多动作，有时，如果你看不透一个人的内心，不妨观察一下他在不经意间所做出的脚步动作，这样一来，往往能够洞察他真实的内心世界。

小娟在大学时谈了一个男朋友，两人感情很好。毕业后，小娟便和父母提及了男朋友的情况，父母觉得不太满意，因此以年龄尚小为理由，让小娟与男朋友分手。周末的时候，父母让小娟别出去了，说在家包饺子吃。其实，父母是想阻止她出去约会。在父母的软硬兼施之下，小娟不得不待在家里。上午10点，与男朋友之前约定的见面时间到了，小娟一边帮妈妈包饺子，一边抬头看钟表，急得就像热锅上的蚂蚁。半个小时过去了，她家的楼道里响起了脚步声，小娟听了之后，脸涨得通红，她听出来了，那是男朋友没见到她急得跑到家里来找了，但是又不敢敲门进来，所以只好在楼道里徘徊。又坚持了10分钟，小娟实在忍不住了，哀求妈妈说："妈妈，让我出去一会儿吧，就一会儿。"妈妈看着女儿急成这样，非常心疼，但还是语重心长地说："小娟啊，妈妈不是不让你谈恋爱，但是你刚刚大学毕业，没有任何社会阅历，妈妈是怕你一时脑热，误了终身幸福啊！"见妈妈这么说，小娟不得不低下头接着包饺子。但是，过了一会儿，爸爸发现，原本背对户门坐着的小娟，现在却像拧麻花一样，上身仍然背对门，但是下身却冲着门那边转了45°角，尤其是脚，恨不得一下子迈出门去才好呢。而且，小娟的脚尖不时地在地上踮着，似乎内急了似的。看到女儿这样，爸爸不忍心了，找了个借口说：“闺女啊，咱家没醋了，这没醋吃饺子可不香，马上就要包完了，你赶紧以最快的速度去给爸爸买瓶醋回来吧！”听到这里，小娟极力掩饰自己的兴奋之情，马上拿着钱包去买醋了。

事后，小娟跟爸爸的感情变得特别深，觉得爸爸比妈妈理解自己，不管有什么心里话都和爸爸说。在爸爸的引导下，她和男朋友互相鼓励，最终于工作一年后双双考上了研究生，之后又一起出国深造了。

看到这里，我们不禁纳闷，爸爸是怎么知道小娟的男朋友在门外的呢？又是怎么知道小娟在被妈妈拒绝之后并没有死心，仍然急不可耐地想出去和男朋友见一面的呢？其实，小娟的确听出了男朋友固有的脚步声，但是，小娟的爸爸根本听不出来，他是通过观察小娟的脚部动作知道的。小娟上身背对着门，下身却朝着门那边扭成了45°角，而且，她的脚恨不得一步迈出门去。由此，爸爸知道小娟并没有推掉约会，而且约会的对象很有可能就在门外等着呢！把握住了女儿的心思，爸爸恰到好处地让女儿出去买东西，这样一来，不仅避免了妈妈的反对，也使女儿有机会出去和男朋友匆忙一见！如此善解人意的爸爸，女儿怎么会不喜欢呢？！

在很多时候，脚部动作往往被人们所忽略，其实，脚部动作比其他肢体语言更真实、更准确。为了方便大家更好地了解脚部动作的含义，我们特意进行了归纳总结，这样一来，大家不管是在工作中还是在生活中，都可以通过观察别人的脚部动作来了解别人的内心世界，进而更好地与人相处。

有时，如果你看不透一个人的内心，不妨观察一下他在不经意间所做出的脚步动作，这样一来，往往能够洞察他真实的内心世界。

从站立姿势探知其心理活动

日常生活中，我们常听长辈们说，站有站相，坐有坐相，这是告诫我们要行为端庄、知晓礼仪。事实上，从这些简单的动作中我们也能察看出一个人的心理活动。心理专家经过研究后提出：不同的站姿往往反映出一个人的性格特点。不同的生活习惯、起居饮食、言谈举止、厌恶爱好以及意识倾向会决定一个人的站立姿势，也就是说，我们可以通过一个人的站姿看出一个人的性格特征和内心的真实情感。你会发现站立这种简单的动作也是百人百样，只要细心观察周围的人，就可以从他们站立的姿势中探知其心理活动。我们先来看下面一个故事：

老刘现在已经40岁了，他是个典型的无所谓先生，从年轻时开始，他就变得好像什么都无所谓的样子。

通常，在公共场合，人们看到的他都是这样一个姿势：两脚并拢或自然站立，双手交叉背在身后。

他和朋友出去吃饭，朋友问他要吃什么，他说：“随便啦，怎么样都行。”

后来，到了结婚的年纪，父母开始着急了，问他的个人问题，他的回答是：“随缘吧。”再后来，经过亲戚介绍，他认识了现在的妻子，家人问他对女孩子的印象，他回答：“你说呢？”看样子，从他嘴里，永远问不到一个明确的答案。

儿子开始上小学后，变得调皮、不爱学习，妻子为教育孩子的事头疼得不得了，他倒安慰妻子：“让他去吧，儿孙自有儿孙福。”妻子气不打一处来，他一笑了之。

单位新来的小伙子在工作上很认真，经常大家下班后他还在工作。老刘看到后，对他说：“年轻人，不必那么认真吧。”一句话让小伙子丈二和尚摸不着头脑。

……

可以说，故事中的老刘就是个典型的“无所谓”先生，这一点，从他日常生活中的站姿已经能够看出来了。这里，我们可以说，有这种站姿的人一般都可以与人相处得比较融洽，很大的原因可能是由于他们很少对别人说“不”，他们的快乐来源于他们对生活的满足。

那么，具体来说，我们该如何从一个人的站姿中窥探其内心秘密呢？

1.含胸、背部微驼

很多人在青春期发育时对身体的变化没有树立健康积极的认识，容易表现出这种站相。这样的人往往缺乏自信，如若是女孩子，则是很单纯的类型，需要加强保护或积极引导。

2.挺胸收腹、双目平视

这类人往往有充分的自信，要不就是十分注意个人形象，或此时心情十分乐观愉快。

3.两手叉腰而立

这是具有自信心和心理上优势的表示。如果加上双脚分开比肩宽，整个躯体显得膨胀，往往存在着潜在的进攻性。若再加上脚尖拍打地面的动作，则暗示着领导力和权威。

4.单腿直立，另一腿或弯曲或交叉或斜置于一侧

这可能是表达一种保留态度或轻微拒绝的意思，也可能是感到拘束和缺乏信心的表示。

5.将双手插入口袋

这是不表露心思、暗中策划的表现；若同时弯腰弓背，可能说明事业或生活中出现了不顺心的事。

6.喜欢倚靠站立，不是靠着墙，就是靠着人

这类人好的方面是比较坦白，容易接纳别人。不好的方面是缺乏独立性，总喜欢走捷径。

7.遮羞式站立

手有意无意遮住裆部，一般是男性采取的动作。遮住要害部位，是一个防御性动作，说明心里忐忑不安，准备遭受批评和不赞同。

8.双脚成内八字状

多为女性的站姿，有软化态度的意味。许多女性在担心自己显得支配欲和好胜心太强时，往往采取这种站姿。

9. 双脚并拢，双手交叉站立

并拢的双脚表示谨小慎微、追求完美。这种人看起来缺乏进取心，但往往韧性很强，属于平静而顽强的人。

10 .背手站立

背手暗含“不想把手弄脏，所以把它搁置一边”的意思。这类人通常具有很强的自信力，喜欢控制和把握局势，或自恃是居高临下的强者。但是，如果一只手从后面抓住另一只手的手臂，则可能是在压抑自己的愤怒或其他负面情绪。但是，在服务行业中，这种站姿又可能想表明“我没有行动，没有威胁”的意思。

当然，这只是一些简单的介绍，只供参考。其实，如果自己观察一个人的话，是可以从一些蛛丝马迹中发现一些规律的。

从脚部动作了解其心理状态

前面，我们已经了解，人们都是有“脚语”的，而且比其他肢体语言更真实，我们可以通过把握一个人的腿脚动作来观察他的性格特点和内心变化。具体来说，可以从以下两个大方面进行分析。

1.不同性格的人，脚步不同

通常情况下，性格开朗的人，走起路来大步流星，脚步声比较重；相反，性格内向的人，走路缓慢而踏实。成熟老练的人，走路很稳，步伐很有节奏；而毛头小伙子走起路来则匆匆忙忙，充满活力，当然，也就显得不够踏实。例如，如果一个人看上去非常强壮，但是走路却小心翼翼，那么他多半是一个外粗内细的精明人，做起事情来喜欢以粗犷的外表来掩盖严密的章法；如果一个端庄秀美的女子走起路来却急急忙忙，脚步不仅沉重而且凌乱，那么她可能是个性格开朗、心直口快的痛快人。

2.不同的脚部动作，泄露人的内心

①脚踝相扣，或者脚踝钩住板凳腿。从某种意义上来说，这个动作和紧咬双唇所表达的意思差不多，都说明做出此动作者正在努力抑制某种消极的情绪，内心焦虑不安，而且保持着警惕。例如，大多数病人在进行手术之前都十分恐惧，因而经常做出脚踝相扣的动作；当犯了错误的学生坐在老师的对面时，也会因为

紧张而脚踝相扣。

张嘉伟在一家民营企业工作，不仅学历高、工作经验丰富，而且对于人的心理颇有研究，为此，公司让他全权负责对外谈判业务。最近，公司准备接手一家外企的大订单，成功与否将关系到公司全年的经济效益，因此，老板非常重视，再三叮嘱张嘉伟一定要全力拿下该订单。

经过一系列的准备后，张嘉伟带着项目书亲自到外企拜访，进行深入沟通，以使项目设计得更加完美。在交谈的过程中，张嘉伟看到对方负责人拿出了一张A4纸，上面密密麻麻地写满了对项目的意见、建议。不知不觉之间，对方负责人还把脚踝钩在了椅子腿上，脸上写满了质疑。见此情景，虽然对方负责人并没有明确说什么，但是张嘉伟马上拿出了十二分的精神，停止了解释，而是一项一项地开始按照对方负责人的意见完善方案，即使觉得对方负责人的方案不好，他也没有反驳，而是有理有据地把自己的设计方案为对方负责人演示了一遍。在张嘉伟专业、敬业、耐心、真诚的演示下，对方负责人的双脚渐渐地放了下来，投入了与张嘉伟的讨论之中。至此，张嘉伟才松了一口气。最终，他顺利地为公司签下了这个大订单。

以上事例中的张嘉伟，在对方负责人把双脚钩在椅子腿上表示质疑的时候，及时调整策略，成功地打开了对方负责人的心扉，最终顺利签约。试问，如果张嘉伟看不懂对方负责人的脚部语言，而是选择一味地解释，那么对方负责人肯定会认为他是在强词夺理，从而更加反感。由此可见，熟知脚部动作的背后含义能使我们与别人的交流更加顺畅。

②脚尖指向。在所有的脚部动作中，脚尖指向是最容易被人忽视的细节。虽然脚尖指向会告诉我们很多信息，但是却很少有人观察别人的脚尖指向。一般情况下，人们会无意识地将身体转向自己喜欢的人或事，所以，只要观察脚尖指向，就可以判断对方是否愿意见到我们。例如，在谈话时，假如对方将原本冲着你的脚尖移开，就说明他想尽快结束谈话离开。

③蓄势待发。在脚尖指向中，有一种比较特殊的脚部动作，类似于起跑，即身体稍稍前倾，一只脚在前，一只脚在后，双手分别放在两个膝盖上。通常，这种姿势意味着当事人对某件事情很感兴趣，已经做好了洗耳恭听的准备。此外，这个动作还可以代表完全相反的意思，即随时准备撤离。例如，大学生上完一节持续两个小时的大课之后，一般会做出这种动作。

其实，脚部的动作还有很多，需要我们在日常生活中认真观察，这样才能更好地了解别人的心意，与别人更好地相处。

一般来说，人与人不同，人与人脚部的动作也会不尽相同。在人际交往中，不同性格和心理状态的人们会有不同的“脚语”。从某种意义上讲，这是性格和心理的一面镜子，会泄露人们内心的秘密。在人际交往的过程中，假如你能够在说话之前先细致入微地观察一个人的“脚语”，就能够很轻松地了解他的性格特征和心理状态。

剖析坐姿中的双腿交叉

现实生活中，人们已经习惯于从头部、脸部和手部等这些容易看得见的部位来判断交谈对方对自己是赞同还是反对。相反，对于那些我们视线之外的部位，常常会被忽视。例如，双腿和双脚。可能你也发现，与人面对面坐着交谈时，对方可能偶尔会摆出双腿交叉时的动作，这是习惯性坐姿还是产生了心理变化呢?

假如我们在一家餐厅看到这样一个场景：一对相亲的男女正在聊天，男士正在侃侃而谈，情绪热烈，女士也频频微笑点头，乍一看，你会以为这是一次成功的会面，他们也必定会有下文，但只要你稍作留心就会发现，女士双腿交叉，身体略微向后倾，而脚尖正指向最近的一个出口。由这个坐姿我们就可以明白，女士对这场谈话没有兴趣，内心深处有逃跑的打算。

在与人面对面交谈时，如果发现对方的双腿和双臂同时处于交叉状态，那么你可以判断出他的注意力已经不在你们的谈话上，甚至他的心思已经飞向远处，为了不让你感到尴尬，对于你说话的内容，他会给出敷衍式的回答，如“是”或者“不是”等词汇。这时要想让对方对你的观点表示真正认同是非常困难的。

再如，你出席一个晚宴，发现大厅的角落里站着一个人，他双腿交叉，同时还抱着双臂，这能告诉你的是，这个人思想非常保守，对人戒备心很强。这时，跟对方很顺利地展开话题是非常困难的，你必须从消除对方的戒备心入手，而且要做好打持久战的准备。

另外，相对于女士来说，男士更喜欢双腿交叉这个坐姿，甚至有一些男士，他们并非是一条腿轻松地搭在另一条腿上，而是更习惯将一只脚踝放在另一条腿的膝盖上，两条腿形成“4”字形状。这种坐姿代表了对方争辩或者争取获胜的态度。因为这个坐姿可以凸显男士的生殖器，因此被看成一种示威姿态。猴子和黑猩猩在产生斗争心理时，也会用这种坐姿来展现自己的生殖器，从而传达出自己的“威力”。

女士比男士更在意自己的形象，这样的坐姿并不雅。另外，跷二郎腿并不符合礼仪规范，所以做出这个姿势的大多是男士。男士在摆出这个姿势时，不仅能体现自己的自信和支配地位，同时也会显得放松和年轻。

但是要注意的是，在和长辈或者领导交谈时，千万不要摆出这种姿势，因为这会让长辈或领导感受到你对他的不敬。

如果一个人做出“4”字腿坐姿的同时，还用一只手抓住抬起的那条腿，就表示这个人非常有主见，甚至可以说有主见得过了头，达到了固执的地步。对于这类人，不要轻易尝试去说服他们，因为你的努力往往是白费的。

当然，女士双腿交叉，除了心理活动外，还有可能是其他原因，如女士经常穿短裙，双腿交叉是她们下意识地保护自己的举动。女士的这种爱好是由于穿短裙养成的习惯，我们可以称其为“短裙综合征”。但这样交叉双腿的动作让女士看起来比较拘谨，或多或少会让交往对象觉得无所适从，因此，在一定程度上我们可以认为，穿短裙让女士看起来更难以接近。对于女士来说，最有气质的坐姿是将两条腿以随意的方式交叉，然后将两腿斜向一边，两腿保持平行，女士要想保持优雅的仪态，应当学会做这个姿势。

习惯抖腿的人大多不自信

生活中，可能一些人会有抖腿的坏毛病，无时无刻都会不自觉地抖腿，这是为什么呢？其实，从心理学的角度看，这是紧张的表现。民间有个说法是“男抖穷，女抖贱”，虽然专家表示这是无稽之谈，但也从侧面反映出抖腿在每个人身上都是一个再正常不过的事情。的确，正常人抖腿没有任何临床意义，是自我放松、毫无意识的。通常来说，与他人互动可以有三种表现状态，即融洽、对立和回避，抖腿则可以简单归类到回避反应中。回避状态多源于内心焦虑、没有安全感，非生理疾病性质的抖腿也是如此。例如，一个人在向许多人汇报工作时，常会不自觉地腿发抖，这多半就是心里没底，紧张、焦虑所致。从这个角度说，抖腿有时候还表明了一个人的不自信。我们先来看下面一个故事：

对于所有情侣来说，恋爱谈到一定阶段就要谈婚论嫁，这就免不了见家长。小杨与小米恋爱半年多了，小杨决定正式见见小米父母。于是，为了体现自己的诚意，小杨去酒店订了一桌酒席。

这天，小杨很快到了酒店，他紧张不安地等待着小米父母的到来。终于，这一家人姗姗而来了。

一番介绍后，小杨便对小米父母说："叔叔阿姨，我听小米说你们有一些忌口，就点了一些你们爱吃的菜，希望你们别嫌弃。"小杨很紧张地说完了这句话，留意了一下小米母亲的表情，虽然她对他笑了笑，但很明显好像并不满意。

接下来，虽然小米尽力从中斡旋，但小米母亲似乎都不大高兴，她和小杨都觉得莫名其妙。

饭后，小杨给已经和父母一起离开的小米发了条短信："你帮我问问，我哪里做得不好？"

"放心，收到，包在我身上。"

回到家后，小米母亲把包重重地摔在沙发上，不高兴地说：

“还说什么研究生毕业，这么没教养？”

“老伴，咋了，刚才吃饭的时候我就看到你脸色不对了，那孩子挺好的啊，怎么就没教养了？”

“你老花眼了吧，他一直在那儿抖腿你没看见？我看，他要是动作再大点儿，整个桌子就要给他掀了。”

“唉，我看你是误会了，这是紧张焦虑引起的表现，你以为他不想给我们一个好印象？但越是想表现自己，越是紧张。”

这时候，小米也解释道：“是啊，他平时没有抖腿的习惯，即便和那些大客户交谈，他也能镇定自若，看来，您真是冤枉他了。”

……

恐怕，生活中我们也遇到过这样的情况，他人与我们交谈时会不自觉地抖腿，我们可能也会指责对方不尊重人，对于这样的情况长辈们可能还会说“什么臭毛病！”然而，这样的指责有时候还真有点儿冤。就如同故事中的小杨一样，他就是因为不自觉地抖腿被小米母亲认为没有教养，不过庆幸的是，最后小米的父亲为他进行了一番解释。

因此，我们可以说抖腿是正常现象，不过观察发现，人在全神贯注做事情的时候，一般不会抖腿，通常在比较无聊的时候会抖腿，这是一种不自觉的现象。有些人平时抖习惯了，不抖还不习惯。

此外，也有专家从生理学角度对抖腿动作进行了类比分析。从生理学上讲，久坐或久站不动都会让腿感到不舒服，血流不畅，所以在自觉不舒服的情况下，人就会在无意识中活动起来，以促进血液流通，缓解不适。而在心理方面也有类似的意思：当心理较长时间处于紧张、焦虑状态时，人就会不自觉地做出缓解反应。

当然，抖腿也与个人习惯有关。一般最早时只是偶然反应，久而久之即形成自然反应，最后变成条件反射。因此，要想有所改变，除了自我调试焦虑心态外，还应有意识地进行强化改变，就像强迫自己改掉坏习惯一样。

总之，从心理上来讲，抖动单腿或双腿是一种放松的表现，是自己下意识的放松。当然人在轻微紧张的时候也有可能会抖腿。如果是不能控制的抖腿，那就要去看看神经科医生了 。

解析站立时的微动作

生活中，任何一个交际高手都有一项本领——察言观色，他们不仅能看出与之交往的人的性格，还能看穿对方的情绪，从而做到有的放矢地与之交谈。

中国人常说“站如松”，这是提醒我们在站立时要做到：嘴微闭，两眼平视前方；收腰挺胸，脚挺直，两臂自然下垂；两膝相并，脚跟靠拢，脚尖张开约60°，从整体上产生一种精神饱满的感觉，切忌头下垂或上仰，弓背弯腰。

然而，我们不难发现，现实生活中人们在站立时似乎都有这样那样的小动作，其中就包括不断拍打地面，这是习惯使然吗？对此，我们不妨先来看下面的故事：

王晓是学市场营销的，毕业之后，他在一家化妆品卖场担任男士化妆品的销售员。他很会察言观色，因此业绩非常好。

这个周末，卖场来了很多消费者，当然也不乏男士。尽管人很多，但忙碌的王晓还是在人群中发现了一个特殊的男客户：他30多岁，一身简单又名贵的穿着。来到卖场，他一句话也不说，只是不停地看化妆品。

面对这样的客户，几个销售员在得到“爱搭不理”的回应后，就不再招呼他了。而王晓则发现这个客户有个特殊的动作——突然站在某化妆品前，总是一边看，一边不停地用脚尖拍打着地面，而且在那里站了好长时间了。

王晓知道这种人是典型的完美主义者，非常自恋。所以也不大会处理人际关系，于是他站在不远处，等这个客户抬头寻求帮助的时候，他才过去帮忙介绍产品的功能和价格。很快，这位客户就购买了商品匆匆离开了。

这则故事中，在其他销售员无计可施的情况下，王晓并没有贸然推销，而是先观察客户，从客户的肢体语言——用脚尖拍打地面判断他是个完美主义者并自恋，从而在客户需要帮助的时候才过去帮忙介绍产品的功能和价格，从而顺利把产品推销出去。

这个故事中，我们可以得出的结论是，一个人在站立时如果有拍打地面的习惯，那么他可能是个自我意识较强的完美主义者，他相信自己的选择和判断，很难听进去别人的意见。

例如，工作中，如果上司告诉他，你做错了，他是不会接受的。接下来，他会说，老板，这件事情应该是这样的。于是，老板再次证明他是错的。过了10分钟，他又来找老板了。老板再一次证明是他不对。下班后他又打电话追来了：今天在单位做的事情是这样的。老板第三次证明他是错的。第二天一早，他又来找老板了：昨天的那件事是这样的。

这类人对自己有着高标准的要求，他们一旦决定了某个正确的目标，或者感受到来自领导的期望，就会忘我地工作来让对方满意，而不是和某些人一样只为了薪金或者权利工作。

在各行各业内，他们都是敬业的、精益求精的，也希望能够教导他人去追求最好。他们相信人们在获得正确的信息后，就会改变生活状态。

如果你不认同他，他内心就会有负罪感，认为是自己做得不好，也可能会批评你周围的人。

因此，与这样的人打交道，我们最好不要试图去改变他的想法，而应该让他自己去做决定和判断。

例如，你和朋友一起购物，见他焦虑不安的样子，想给他点儿意见，但是他用脚尖拍打地面，那么可能他想给自己一点儿时间来思考，此时你能做的就是安静地陪在他的身边、一言不发，当他找到答案以后，会感激你的善解人意，也会把你当成最贴心的朋友。

的确，小小的一个脚部动作就彰显了一个人的性格、品质及及流露出的内心情绪，因此，善于察言观色是我们破解他人心理密码的关键所在。

站立时喜欢用脚尖拍打地面的人，是有自恋倾向的完美主义者，他们对自己和他人都有着较高的要求，希望获得他人的认同，但却听不进去意见。如果你的身边有这样的人，与之打交道，应让其自主抉择，不可干涉。

第13章　身体微动作，举手投足间的小动作解析

人们常说语言是靠不住的，因为人可以说谎话。但一个人的身体微动作却不会作假，只会反映其内心的真实想法。假如我们可以了解身体微动作所表达的含义，就可以读懂对方的真实心理。

头部动作所隐含的重要信息

心理学家认为，人的头部有直观感觉，有关专家对动物头部的形状做过分析，结果发现动物的性格与它头部的大小有很大的关系。通常情况下，头部大的动物都比较好斗，而头部小的动物则通常很温顺。对此，美国心理学家提出了这样一个观点：头部越大越饱满的人，他的智商可能就越高。当然，除了头部的形状之外，头部的动作往往可以让人获得一些重要信息。

曾经有心理学家做了这样一个实验：让82名参加实验的大学生戴上立体声耳机，要求一半学生在听的时候，每一秒钟点一次头，另一半学生在听的时候每一秒钟摇一次头。然后他在耳机里播放了一段广播，内容是鼓吹增加学费。

他让点头那组学生听的广播阐述了十分没有说服力的增加学费的理由，如增加学费可以开展小班授课；让摇头那组学生听的

是十分有说服力的理由，如增加学费可以在校园里种郁金香、请清洁工、美化校园。结果摇头那组学生的感觉是，摇头使他们对自己心中原有的反对意见产生了怀疑，反而不那么强烈地反对增加学费了。

结果证明了人在点头的时候不一定是同意别人，而是进一步加强了自己原先的想法，摇头反之。因此，当你看到一个人不停在点头时，不要误以为他是同意你的看法；而当一个人对你摇头的时候，他也未必会最终拒绝你。

要弄清楚头部动作的含义并非是一件很简单的事情，通过心理学家对头部基本动作进行分析，可以得出它们大概所包含的意义：

1.头部下垂

当双方在交谈时，一方将头部下垂，并呈现出低头的姿态，那所表达的意思是“我在你面前压低我自己”。假如低头的人是对方的上级或位高者，则是以消极的方式表达“我不会只认定我自己”，他需要表达的是“我很友善”。假如是把头下垂，甚至看不见对方的脸，则说明对方是自卑或者害羞。

2.头部上扬

假如双方才见面，对方的头部就忽然上扬，那意思是“很惊讶看到你”，或者表示“你怎么会出现在这种地方”；假如是在双方交谈过程中，对方忽然有一个头部上扬的动作，则表示他忽然理解了你所说的话，并对你的话表示同意。

3.头用力地转向一边

心理学家认为，把头用力地转向一边，然后恢复原来的位置，也就是头的单侧摆动，意思就是不同意你刚才所说的话，或者拒绝你刚才的请求。头部半转半倾斜向一侧，表示的则是一种友好的姿势，意思是说“我们关系还不错啊”。

4.不停地摇晃头部

假如对方在跟你说一件事的时候，不由自主地摇晃头部，表示他在说谎，尽管努力争取控制摇晃头部的动作，不过不能完全控制。假如是很猛烈地摇晃头部，说明他很紧张，一定是做错了什么事情或者决定背叛你，不过一时又找不到很好的理由跟你说。假如是慢慢地摇晃头部，那表示对方对你说的话或对眼前所发生的事情感到十分惊讶，以至于惊讶到用摇晃头部来让自己清醒地接受这个现实。

5.头部僵硬

心理学家认为，头部僵硬说明对方根本不害怕你，对你不屑一顾，假如双方是在谈论问题，那么他就是在坚持自己的观点，而且没有丝毫退让的迹象。不过，假如头部僵硬，那即便面临突发状况也面不改色，可能仅仅是觉得心里无聊，有点儿发呆的迹象。

6.头部往回缩

有的人习惯头部往回缩，心理学家分析，这是一个回避的动作。假如他面前有什么东西，这表示他的头部受到了威胁，往回缩是一个自然的反应动作。

7.头往前伸

假如前面发生了什么事情，一个人把头部往前伸，那表示他已经注意到所发生的事情了，而且对此还比较有兴趣。当然，得主要分前面到底发生了什么事情而做出各种分类。假如是两个相恋的人，那表示对方比较友好，伸长脖子不过是为了便于亲吻；假如双方之间刚发生过冲突，则表示不畏惧对方，而且瞪视对方就好像在洞察对方的眼睛。

8.头部向后

心理学家认为，这是势利小人或十分自信之人常有的动作，他们采取鼻子朝天的姿势来对你表示挑衅。这种头部后仰的动作，其情绪变化大概是：从沾沾自喜、桀骜不驯到自己认为优越而存心违抗。可以说，摆出这样的姿势是挑衅而非温顺。

9.头部向侧面方向移开

有人习惯性将头部向侧面方向移开，心理学家认为这是一项保持性的动作，或把脸部移开以回避对身体有威胁的事物，也可能是对方想借此掩饰脸部而隐藏自己内心的真实意图。

10.歪斜着头

心理学家认为，这样的动作在女性身上比较常见，一般表示需要依靠的意思，假如对方是在玩弄风情，那么歪斜着头则有假装天真无邪或故意卖弄的意味，这不过是想吸引你的注意。

头部的基本动作都是有其特别含义的，如抬头表示持中立态度，不过高昂的下巴却展现出自己强烈的个性；而头部倾斜则表示顺从的意思；人们在低头时往往会形成批判性的意见和反对的态度或者沮丧的情绪。

脸部肌肉泄露其真实情绪

如果我们只关注一个人的下半张脸，观察其鼻子周围和嘴部的形态，是没有办法判断对方的表情和情绪的。例如，由于其上嘴唇没有明显提升，所以鼻翼也没有被提升，鼻翼两侧和脸颊两侧也没有直接挤压形成的沟纹。尽管，有时候我们难以从这些细微的表情中判断对方是否在愤怒，不过除了这些，我们还可以注意其脸部的肌肉是否紧张。当憋在嘴里的怒气在里面乱蹿，自然而然会引起肌肉的紧张或收缩，这时如果我们仔细观察，就会发现其脸颊的肌肉在微微颤抖，而这恰恰暗示了他的愤怒。

小媚的男朋友是典型的暴脾气，属于那种脾气来得快也去得快的人。男朋友愤怒时的样子是最吓人的，小媚一直是这样认为的。而让她感到最恐惧的是前不久的那一次，我们来听听小媚是怎么描述的：

那天我在家里上网，闲来无事，就跟一个旧识聊了起来。没想到，正聊得火热的时候，男朋友小军来了，他打电话时已经在我家楼下了。我很意外他竟然会来看我，而让我更意外的是，他竟然给我买了那个我早已看中的包包，还有一大袋零食。平心而论，他对我算很好了。可就在我来不及高兴的时候，他一眼瞅到了我的聊天记录，因为是旧识，所以说话毫无顾忌，开开玩笑很正常。但男朋友很小心眼，脸色马上就变了，低头就将屋子里的垃圾桶踢倒了。

我自知理亏，没理会。没想到我越是不说话，他越是坐不住了。他开始说："我不知道大老远来看你干什么，还给你买礼物，你呢？却在这里跟网友聊天？"他说话越来越难听，我忍不住辩解，但我越是说，他越是生气，就在我说话的时候，他突然睁大眼睛看着我，脸部的肌肉不断地颤抖，嘴角有牵动的痕迹，这样子吓坏了我，甚至让我忘记了该说什么。我愣了一下，突然清醒过来，我知道他在极力克制着愤怒的情绪，我也知道我该沉默了，否则，他会忍不住出手打我。

虽然，心理学家一再强调愤怒的情绪呈现主要在于眼睛和眉毛的形态。例如，当一个人的怒气开始散去，他嘴部就会变得松弛，不过，因为愤怒的刺激源依然存在，眼睛依然可以强烈地表达愤怒情绪。不过，就面部表情而言，愤怒的程度还是比较严重。但不管愤怒的表情关键在于什么，它所能带给我们的威慑力依然是存在的。

我们可以想象一个人脸部肌肉紧张的样子，估计他已经气得全身发抖了，甚至连面部肌肉都开始颤抖了，这暗示着当事人的愤怒情绪已经到了极端。当然，这样的细微表情还需要我们就近观察，但恰恰是近距离观察，绝对能给我们内心带来震慑的感觉。这样强忍怒火，让肌肉紧张的情绪状态，比张嘴骂人，甚至出现肢体上的攻击行为更可怕。毕竟，所能够表现出来的愤怒行为，还是可以接受的，但隐藏在紧张肌肉里的愤怒，不知道它何时才会爆发，才是更恐怖的。

双臂交叉的自卫性动作

行为心理学家认为，一旦有感觉危险降临，男人们就会用手护住下身，因为这样的动作可以保护他们的要害，增加其内心的安全感。早在久远的时代，人类的祖先就已经学会了躲在障碍物后寻求保护的自卫方法。而当我们年纪尚小的时候，一旦感觉有危险，就会马上躲到诸如桌子、椅子等固定物体或大人的身体后面。随着我们慢慢长大，这种遇到危险就躲避的动作也随之变得复杂起来。等到几岁之后，我们就已经不再像以前那样躲到桌椅背后了，于是，我们慢慢学会了将双臂紧紧交叉抱于胸前来保护自己的动作。当我们到了10岁左右的时候，学会了掩饰，并通过稍稍放松手臂以及配合以双腿交叉的动作来隐藏环抱双臂这一动作的自卫性，从而掩饰自己内心的恐惧。

随着年龄慢慢增大，在刻意的掩饰之下，双臂环抱于胸前这一动作的防御性也日趋明显。但是，一旦有危险来临，或遇到不愿意遇到的事情时，我们就会下意识地将一只或两只手臂交叉抱于胸前，用自己的肢体形成一道身体防线，抵抗外来的危险，从而达到保护自己的目的。

1.双臂交叉环抱于胸前源于内心的紧张和不安

我们来解读双臂交叉环抱于胸前这个姿势，交叉抱于胸前的双臂可以保护心脏、肺等重要的生命器官，因此这个动作可能是源自人类的本能。例如，猴子和猩猩在遇到正面进攻的时候，也会做出同样的动作来保护自己。

心理学家认为，当一个人感到紧张不安想保护自己，或不愿意接受他人意见的时候，很可能会将双臂交叉，紧紧环抱于胸前，传递给对方的信息是“我很紧张，感到不安”。

2.双臂环抱这个姿势对于个人自身而言是舒服的

心理学家认为，大部分人已经将双臂交叉抱于胸前变成自己的习惯性动作了，理由是这样的姿势让自己感到舒服。实际上，人的任何一种姿势都是与其内心的想法相对应的，换而言之，假如你对某人或某事抱有否定的观点或态度，或者你根本就怀有一种防御的心理，那你将双臂交叉环抱于胸前就会感到舒服自在。相反，假如在与朋友们交谈甚欢时摆出这样的姿势，你就会觉得有些别扭。

我们需要记住，所有的肢体语言所传递的信息，不管是对接受者而言还是对发送者而言都是一样的。或许，对于自身而言，当你觉得面对某人时挺直腰背，将双臂交叉环抱于胸前的姿势可能会让你觉得很舒服，不过，这个姿势给对方展现的态度是否定或消极的。所以，不管在何时何地，我们都应该尽可能避免做出交叉双臂的动作，除非你刻意想告知对方，你并不同意对方的观点，或者你不想参与其中。

3.握拳式的双臂交叉

行为心理学家认为，双臂环抱于胸前，双拳紧握，这个动作代表强烈的敌意。我们应该记住，当一个人在将双臂交叉抱于胸前的同时，两只手也紧紧地攥成拳头夹于腋下，那表示他不但具有较强的防御意识，而且有明显的敌意。

假如对方出现了这样一个姿势，同时还伴随着双唇紧闭的微笑，或者干脆露出了咬牙切齿、满脸涨红的表情，那接下来将免不了口舌之战或是更加激烈的打斗。尽管我们不清楚引起纷争的原因是什么，但当务之急就是用一种较为缓和的方法找出导致对方情绪激动的根本原因，同时安抚对方情绪，防止事态恶化。

心理学家告诉我们，当你将双臂交叉抱于胸前，就好比在你与对方之间筑起了一道障碍物，将你不喜欢的人或物统统都挡在外边。双臂交叉抱于胸前的姿势在人与人的交流中相当普遍，而且世界各地对这个姿势的理解也几乎是相同的：消极、否定或防御。例如，在一些自助餐厅、电梯等公共场所以及众人排队等候的过程中，我们经常会看到彼此陌生的人感到不确定或不安全的时候会摆出这样的姿势。

单臂交叉的手势

心理学家分析，当我们年纪还小的时候，每当遭遇了悲伤的事情，或是处于紧张的氛围之中，父母就会将我们拥入怀抱，或是给我们一个温馨的拥抱，以此缓解我们内心悲伤、不安的情绪。渐渐长大以后，当我们感到紧张不安的时候，我们经常会模仿长辈的动作来安慰自己，但是，这时的我们往往不会双臂交叉紧紧抱于胸前，而是自我拥抱式的抱臂姿势。

1.单臂交叉的姿势表示“自我感觉良好”

心理学家认为，人们在参加一些社交活动或工作会议的时候，经常会因为与其他人关系生疏或缺乏自信而用单臂交叉的姿势让自己和其他人保持一定的距离。在严肃紧张的氛围中，假如有女性朋友摆出了这样的姿势，那就表示她想告诉身边的人："我很好。"这种自我拥抱式的抱臂方式，容易让她回想起小时候妈妈搂住自己时的那种温馨舒适的感觉。

2.护短式握臂

心理学家认为，男性自我拥抱式的交叉双臂的方式与女性略有不同：他们将自然下垂的双臂略微前移，双手在身体前方相互握住。例如，男性在上台领奖或发表演讲的时候，常常会采取这样的姿势来面对观众。比较有趣的是，当男性朋友发现自己的裤子拉链坏了时，为免不雅，会用这种姿势遮住下体，我们可以将此姿势称为"护短式握臂"。因为这个姿势里双手的位置可以帮助男性保护自己"重要部位"免受袭击和伤害，可以增强男性自身的安全感。

3.单臂交叉姿势展现内心的沮丧与不安

现实生活中，在救助站或福利院门口排队等待救济或领取社保福利的人群中，我们经常会看到摆出同样姿势的男性。他们这样的姿势体现出了身为弱势群体，内心的沮丧和不安。同时，这样的姿势较容易勾起别人的怜悯之心，让人萌生出帮助他们的想法。

通常情况下，人们会用一种比较隐晦的方式来替换这种过于明显的肢体语言，如单臂交叉抱于胸前的姿势，也就是只使用一只手臂，这只手臂在身体前部弯曲后抓住另一只手臂，从而在自己与对方之间形成一道障碍，拒绝对方的进入，看起来就好像是在拥抱自己。

坐姿反映其性格特征

现实生活中，我们参与人际交往，很多时候都是面对面坐着交谈。坐这一看似静态的活动，其实也是我们察看他人心理活动的入口。我们先来看下面一个故事：

“我已经30岁了，周围的姐妹已经纷纷结婚了，我不得不加入相亲的大潮中，我并不排斥这种结交异性的方式，也许真的能认识一个和自己很合适的人呢。在相亲过程中，有一个男士给我的印象很深刻，后来，我们成了很好的朋友。

那天下着雨，我比预约时间早到了20分钟，于是就选了咖啡厅靠窗的位置坐了下来，我在想，既然都下雨了，那人应该不会来了吧。但事实上，他居然踩着点儿来了，并且很有礼貌地跟我打了招呼。他给我的第一印象非常不错，这样一个彬彬有礼的男士相信谁也不会讨厌。但接下来，我从他的身体语言中发现，他和我是同一类人。

他虽然块头不小，但在介绍完自己后，就蜷缩在沙发里，把双手夹在大腿中间，并且无论我们聊什么，他好像都不大愿意更换自己的坐姿，我想那对于他来说应该是最舒服的。因为很明显，他是个自卑的人，而我想找个自信、能替我拿主意的人。后面的谈话证实了我的想法，除了刚开始见面时，他冲我微笑了一下之外，后面他就一直呆若木鸡般坐在那里。

为了使整个谈话的气氛不那么僵硬，我开始主动找话题。我发现，我们惊人的相似，我们都为自己瘦小的身材而感到自卑，都喜欢宅在家里，一到周末，宁愿自己在家做做点心、看看电视，也不愿意出去和朋友玩……

聊到最后，我们都发觉有点儿相见恨晚。

后来，我们再联系时，完全没有因为相亲失败而苦恼，相反，我们为交到一个好朋友而高兴。”

古人云，人以群分，性格相似的人很容易成为朋友，很明显，故事的女主人公和她的相亲对象的结交经历就证明了这一点。她很清楚自己需要什么样的伴侣，通过观察相亲对象的肢体语言——蜷缩在沙发里、把双手夹在大腿中间判断出对方和自己性格类似，发现彼此更适合做朋友。

专家们研究和分析认为，通过一个人的坐姿也可以了解他的性格和心理。

经常正襟危坐、目不斜视的人：是力求完美，办事周密而讲究实际的人。这种人只做那些有把握的事，从不冒险行事，往往缺乏创新与灵活性。

爱侧身坐在椅子上的人：他们心里感觉舒畅，觉得没有必要给他人留下什么好印象，往往是感情外露、不拘小节的人。

把身体尽力蜷缩在一起、双手夹在大腿中而坐的人：往往自卑感较重，谦逊而缺乏自信，大多属服从型性格。

敞开手脚而坐的人：可能具有主管一切的偏好，有指挥者的天质或支配性的性格，也可能是性格外向、不知天高地厚、不拘小节的人。女性若采用这种坐姿，还表明她们缺乏性的经验。

将一只脚别在另一只脚上而坐的人：一般是害羞、忸怩、胆怯和缺乏自信心的女性。

踝部交叉而坐的人：当男性采用这种姿态时，通常还将握起的双拳放在膝盖上，或用双手紧紧抓住椅子的扶手；而女性采用这种姿势时，通常在双脚相别的同时，双手会自然地放在膝盖上或将一只手压在另一只手上。大量研究表明，这是一种控制消极思维外流、控制感情、控制紧张情绪和恐惧心理、表示警惕或防范的人体姿势。

将椅子转过来、跨骑而坐的人：这是当人们面临语言威胁，对他人的讲话感到厌烦或想压下别人在谈话中的优势而做出的一种防护行为。有这种习惯的人，一般总想唯我独尊，称王称霸。

在他人面前猛然而坐的人：表面上是一种随随便便、不大礼貌、不拘小节的样子，其实说明此人隐藏着不安，或有心事不愿告诉他人，因此不自觉地用这个动作来掩饰自己的抑制心理。

坐在椅子上摇摆或抖动腿部或用脚尖拍打地板的人：说明其内心焦燥、不安、不耐烦，或为了摆脱某种紧张感而为之。

和你坐在一起而有意识挪动身体的人：说明他在心理上想要与你保持一定的距离，并排而坐的两个人要比对坐着的两个人，在心理上更有共同感。

另外，喜欢对着坐比喜欢并排而坐的人，更希望自己能被对方所理解。斜躺在椅子上的人比坐在他旁边的人，具有心理上的优越感，或者处于高于对方的地位。直挺着腰而坐的人，可能是表示对对方的恭顺之意，也可能是表示被对方的言谈激起浓厚的兴趣，或者是欲向对方表示心理上的优势。

一个人的坐姿，可以反映一个人惯常的性格特征和此时此刻的心理，观察他人的坐姿，能帮助我们更清晰地掌握人心。

走路姿势反映其心理状态

我们都知道，人的性格、情绪、人品都溢于言表，一个人的内心世界也不可能没有外泄的部分，一个人在走路时表现出来的姿态就是很好的表露。只要我们善于发现，然后加以分析，即使

“伪装”得再好的人，我们也能发现破绽。先来看下面的故事：

李晓有着周围人羡慕的职业——心理医生，但正是因为识人无数，让她左挑右选到了30岁还没有恋爱对象。在朋友一次次的催促下，已经成为“剩女”的她也不得不加入相亲的队伍。

那天，在母亲和一群朋友的把关下，李晓决定在一家相当有品位的酒吧进行她人生的第一次相亲“活动”。李晓深知第一印象的重要性，于是，在一番精心打扮之后，她来到了酒吧。

她在座位上等了一会儿后，就看到一个人从酒吧门口进来了，不过，她发现此人是踩着小碎步走路的，走得很快，手臂姿势很呆板，深谙人的心理的李晓明白，这是一个很保守的人。果然，接下来的谈话证实了李晓的猜测。“你已经30岁了？长那么漂亮为什么不结婚呢？”……一连串的问题向李晓扑来，她真后悔没在看见他走路的姿势时就离开酒吧。

这则故事中，李晓就是通过相亲对象走路时迈着小碎步判断出对方是个保守、谨慎的人的。

不得不承认，良好的走路姿势体现了一个人的修养。良好的步态应该是自如、矫健、敏捷的。由于男女性别、性格的差异，男性的步伐要注意阳刚美，一般以大步为佳，步子要重一些，显得稳重、沉着。女性的步伐要注意阴柔美，一般以碎步为佳，步子要轻一些,显得轻盈、柔和。但无论男女，行走时都要注意昂首、挺胸、收腹、眼平视、肩要正、身要直、双肩自然下垂，两臂前后摆动自如协调。

当然，步态除了能显示自己的教养与风度之外，也能表露出一个人的心理活动。法国心理学家简·布鲁西博士发现，人的性格与行动有着很大的关系。从一个人走路的姿势就可以推断出其当时的心理状态。具体来说，有以下几种。

①昂首阔步者。这类人走路的时候，总是大步向前，给人一种心高气傲的感觉。的确，这类人很有自信，有力量，但他们致命的弱点就是缺乏耐性和毅力，经常信誓旦旦地要做一件事，但一旦遇到什么困难，就很容易退缩。

②走路八字者。双足向内或向外勾，形成八字状，走起来用力而急躁，但是上半身却不左右摇摆。这种人不喜欢交际，头脑聪明，做起事来总是不动声色。但有的有守旧和虚伪的倾向。

③走路蹦蹦跳跳者。这类人总是有一颗童心，无论遇到什么事，都乐观向上。他们不会掩藏自己的情绪，一般来说，这类人较好相处。

④步伐急促者。这类人不论是否有急事，都步履匆匆。他们做事很明快而有效率，遇事不会推卸责任，精力充沛，喜爱面对各种挑战。

⑤上身向前微倾者。走路时上身向前微倾的人，个性平和内向，谦虚而含蓄，不会花言巧语；与人相处，表面上沉默冷漠，但却极重情义，一旦成为至交，至死不渝。

⑥走路斯斯文文者。双足平放，双手自然摆动，不扭捏，走起来异常斯文。这类人多胆小、保守，缺乏远大理想，但遇事冷静沉着，不易发怒。

⑦走路不紧不慢、优哉游哉者。这类人多无上进心，在他们看来，任何事情都不能让他们加快步伐，总是不慌不忙的样子，对于现状也总是很满足。

⑧款款摇曳者。这类人多为女性，她们腰肢柔软，摇曳生姿，但是千万不要认为她们是放荡成性。因为她们中多数为人坦诚热情，心地善良，容易相处，在社交场合永远是中心人物，颇受欢迎。

⑨步履整齐、双手规则摆动者。这类人似军人一般，意志力很强，具有高度组织力，但偏于武断独裁，对生命及信念固执专注，不易为人所动，甚至不惜任何牺牲去达到自己的目标与理想。

⑩步伐随便，没有什么固定规律者。他们走路有时双手插进裤袋里，双肩紧缩；有时双手伸开，挺起胸膛。这种人达观、大方、不拘小节，慷慨有义气，有创立事业的雄心。但有时会夸大、争执、不肯让人。

我们每个人走路都有自己的特点，这或许我们平常没有察觉到，但这些特点确实存在。有人走路永远都是急匆匆的，而有人则永远都走不快。另外还有人走路是内八或者外八。其实这些都是我们日常生活中的一些非常小的细节，但蕴含着奥妙。从某个方面讲，通过它可以看出一个人的性格。

第14章　日常微动作，习惯和喜好暴露你的一切

生活中，每个人都有自己的习惯和喜好。习惯和喜好也是一个人的性格镜子，每个人的习惯与喜好各有差别，有人喜欢看电视，有人喜欢看书，等等。从习惯和喜好上可以了解一个人的性格，也可以获悉其心理状态。

通过吃相了解其真性情

中国人常说“民以食为天”，我们生命中的不少时间都是在餐桌上度过的，吃饭也是人们最轻松的时刻之一。因此，观察一个人的吃相，往往能了解他的真性情。我们先来看下面的故事：

“刚开始，我以为他是一名优秀的管理人员，但那天在他办公桌上看见那盒吃了一半的便当和几包吃了一半的零食时，我立刻开始考虑适合这个岗位的其他人选了。”说这话的是某大型外企的人力资源部总监，她一向做事谨慎，公司每个人的言行举止都逃不过她的法眼。最近，她就将在市场部干了一个星期的市场部主管“炒”出了公司。接下来说，她说，“我的理由有两个：第一，我们是跨国公司，把食物放在办公桌上太影响公司的形象了；第二，一个爱在办公室吃零食的男人给我的印象是办事犹豫拖拉，立场不坚定，这样的人不适合在一个代表公司形象的部门

工作。当然，如果这件事出现在产品设计部或是创意部，我会假装没看见，过后提醒一下就够了，但在市场部，这样的细节问题绝对不能原谅”。

可能你会说，这个总监也太不近人情了，但西方的许多心理分析家均认同了这个观点。他们认为：一个职员在“吃”上的行为举止，甚至口味爱好，都暗示着他的性格，以及对待工作的态度。

人们在吃饭的时候是千姿百态的。例如，有的人吃饭的时候，喜欢站着，走到饭桌前就开始狼吞虎咽。这样的人通常性格比较倔强，脾气有些急躁，但他们是开朗、坦率的，在自己的需求得到满足的情况下，他们对待他人会非常慷慨；还有一些人，他们看似很忙，我们总是能见到他们一边拿着汉堡和可乐，一边急匆匆地赶往和客户约会的地方，实际上，这样的人做事是缺乏计划性的，他们控制情绪的能力也很差，喜欢凭意气做事……

中国人常说，坐要有坐相，而从个人的进食方式观察，可称为“吃相”。从这些小地方也可以观察出一些性格特征，不用进一步地 去接触，就可以轻松窥得此人的个性。

具体来说，吃相有以下几种。

1.“浅尝辄止”型

这类人做人做事的风格正和他们的胃与食量一样，做什么都不会潇潇洒洒，因为其不敢放开手去做，所以他们不适合创业，也不会在事业上有什么大的突破。

2.“独自吃食”型

这类人爱单独进食，但与其进食习惯相反，他们虽然不愿与人分享，但极具责任心，言行一致，信守诺言，工作令人满意，性格冷僻。

3.“不偏食、不挑食”型

这类人不偏食，对人际交往的对象也不挑剔。他们性格随和，生命力旺盛，多才多艺，可以同时应付多种工作。

4.好“切割食物”型

这类人在进食的时候，会把一份食物分成很多份。他们一般为人处世小心而谨慎，做任何事都很细致；但有时难免流于保守和顽固，善处守势，不习惯采取攻势。

5.“狼吞虎咽”型

这类人在进食的时候，并不会过多地品尝食物，进食速度相当快。他们个性豪放，精力旺盛，办事果断，待人真诚，具有强烈的竞争心和进取精神。

6.“细嚼慢咽”型

这类人会把进食当成一种享受，进食的时候速度缓慢，会细细咀嚼品尝。这类人办事周详、严谨，无把握的事绝不做；爱挑剔，对人有时过于冷酷。

7.“大胃”型

这类人食量大，一旦进食或找到爱吃的食物，不吃饱决不罢休。他们性格直爽，喜怒溢于言表，从不掩饰自己的感情，且不善于仔细的思维。

吃饭的时候，你对食物的挑剔，或浅尝即止，或独食独享，或风卷残云，或将食物分割成若干小块逐一食用，都没关系，只是这已经暴露了你的性格秘密！

看，吃东西的习惯也能反映性格特点。

醉酒姿势反映其真实内心世界

中国人常说“无酒不成席”，中国的酒文化博大精深，无论是结交朋友还是做生意、宴请等都离不开酒。现代社会，不仅男人喝酒，有些女人也喝酒，可以说，中国人的生活是离不开酒的。其实，酒的作用并不仅仅在于结交朋友等，更能帮助我们看出一个人的真品性。酒品如人品，一个人在醉酒的状态下呈现出什么样的姿态，是与其内心世界息息相关的。

现代社会，人们结交朋友，积攒人脉，多半都是有一定目的的，其中也不乏对我们不利的目的。我们只有识别对方的目的，才不会在交际中被人利用了。

因此，酒桌上，我们可以通过“醉态”来了解对方的本性，因为人们“毫无防备”的情况下往往会暴露本来面目。

1.呼呼大睡型

这种人多半是工作和生活中的“好好先生”，平时，他们对他人的要求来者不拒，因此，常常感到身心俱疲，一到酒桌上，他们便找到了发泄的方式——喝酒，一旦醉倒，便呼呼大睡。

2.酒后话唠型

这种人在日常生活中，多半因为性格内向、古板而在与人沟通中产生种种障碍，对这一点，他们感到非常苦恼。因此，一旦喝醉后，他们的胆量便大了，就会找人一诉衷肠，滔滔不绝地说话。

3.无精打采型

这种人虽说醉酒后会变得毫无生机，但生活中却正好相反，他们充满力量，性格活泼。因此，不要被这些醉酒后的表象所迷惑，他们实质上是比较积极的人。

4.手舞足蹈型

这种人醉酒后就如同一只被松绑的动物一样，变得动作夸张，行如蟹状，拿着酒杯或酒瓶晃来晃去，一看就知道他“醉了”，其实他还“没醉”。这种人的反叛性很强，当然他对现实有太多的不满，却往往非常压抑自已。

5.适可而止型

不论何时何地，不管与任何人一同饮酒，都能做到适可而止的人，作为工作上的伙伴绝对没错，他良好的天性就是能与共事的人密切合作。

6.彬彬有礼型

一般来说，人们醉酒之后都会一反常态，但这种人却是一个例外，这是因为他们思想方法上也未免含有某些僵化的教条，并已经深植于他们的血液里。所以，这种彬彬有礼的动作，对有这种酒后行为的人的本性是种极大的讽刺。或许这种人应学得灵活一些，开明一些，大方一些，坦诚一些。

7.热泪盈眶型

这种场面很让人感动，一边饮酒一边与你交谈，他的眼泪却不由自主地掉下来，“心软”的人很可能霎时就不知如何是好。

8.引吭高歌型

这种人很会享受自己的生活，喝酒就是喝酒，忙碌的工作后总会很好地放松一下。这种人是值得信赖的，特别是在工作上。

俗话说：“人心隔肚皮”“防人之心不可无”，不是所有人都会把自己内心的想法公之于众，尤其是那些社交老手，更是深藏不露。对此，我们不妨通过对方无意识的状态——醉态来看其真品性，这是一种极其有效的识人心理策略。

看电视时的习惯反映其性格特点

生活中，人们在看电视时所表现出来的习惯各不不同。有的人一看电视，就精神百倍、聚精会神；有的人却一边做家务，一边看电视，只是偶尔瞄一下；也有一些人一坐在电视机前就犯困，电视里的声音似乎就是催眠曲；还有一些人，他们看电视喜欢走马观花，似乎什么都懂，不停地换台。其实，这些常见的看电视的习惯都有可能发生在你我的身上，透过这些习惯可以看出一些我们的性格特点。不妨先来看下面的故事：

金先生和金太太已经结婚30年了。可以说，30年来，金先生都是在金太太的唠叨中度过的。然而，金先生觉得这是一种幸福，他认为，夫妻之间，拌拌嘴才是过日子。

这天，金太太照例和自己的几个女友约好出来逛街，几个女人聚到一起，难免要谈到自己的丈夫。一提到这点，金太太又开始唠叨了："我们家老金，我真是不知道说什么好，你看，结婚这么多年，他好像把我当空气。周末，想让他陪我逛逛街，他从来都是摇头谢绝，即使我生气他也不愿意，好吧，我不勉强他。但晚上，我让他陪我看看电视，他居然一窝在沙发上就睡着了，没办法，我又不能让他感冒了，就让他去床上睡觉。你们说，这样的老公要来干什么？一点儿意思都没有。"

"你就知足吧，其实，你自己都没意识到，你家老公的性格很好，我家老公还经常跟我抢遥控器，一个劲儿地换台，真受不了，你自己想想，谁更好点儿？”一个姐妹对金太太说。

“是啊，其实，通过一个简单的看电视的习惯，我们就能看出来各自老公的性格，金先生这样的人就属于随遇而安型的，你们结婚30年，一直感情不错，其实也就是性格互补，你一天咋咋呼呼的，金先生这样的性格才适合你啊。”另外一个姐妹补充道。

“你们说的也是，我们家老金的确是大多数事都顺着我，不跟我顶嘴，这么来看，我还真捡到金子了啊……”

“那是当然……”

的确，生活中，人们的很多性格特点都能从他们的生活习惯中看出来，其中就包括看电视，故事中的金先生是个一看电视就睡觉的人，这样的人通常性格比较温和，很容易相处。

下面我们就根据这几种常见的看电视的习惯来读懂他人。

1.聚精会神型

有这样一些人，他们喜欢在某个固定的时间打开电视机，然后聚精会神地看，他们不会一边吃东西或者一边干家务一边看电视。这样的人，做人做事就像看电视一样，全身心地投入。另外，他们的情感比较细腻，有丰富的想象力，很容易与他人产生共鸣。

2.走马观花型

我们的家人或者朋友中，肯定有这样一些人，他们总喜欢拿着遥控器不停地换台，好像就找不到他们喜欢的电视节目。这样的人耐心和忍受力都不是特别强，但独立性很强，不属于那种人云亦云的人，也不是那种一哄而起、一哄而散的人。他们在生活中很懂得节约，不会浪费时间、金钱、财力、物力等。

3.忙里偷闲型

有的人看电视的习惯与聚精会神型相反。他们不会为了专门看电视而坐在电视机前，而是把看电视当成一种附加活动。例如，在他们择菜、打毛衣、拖地时，会打开电视机，忙里偷闲地看看电视，不会把注意力放到电视上。这样的人很有灵活性，他们做人做事都不会因循守旧，懂得变通，能够较容易地适应各种各样的环境。有时候，在条件允许甚至是不允许的情况下，他们都很愿意尝试新鲜的事物，向自己、向外界发起挑战。

4.睡觉型

有的人在看电视的时候看着看着就睡着了，而电视还开着。除去工作太劳累、人非常疲劳的情况外，这种类型的人的性格大都是随和而又乐观的。他们往往也能够笑着坦然面对在生活和工作中遇到的挫折与困难，并积极地寻找各种方法，力争到最后轻松地解决。

看电视在我们的生活当中几乎是一项不可缺少的重要内容，

你却不一定知道，通过看电视，可以观察出一个人的性格特点。

通过挑选座位行为读懂其真实想法

生活中，我们会接触很多公共场合，这就涉及座位的选择，你更喜欢第一排、第二排还是其他位置？这一看似不经意的行为，其实都会将我们内心的想法暴露无遗。

意大利非语言交流学家马克·帕克利对人们在车厢中的行为做了多年研究，他认为，人们上了空的公交车后，一般都不会选定第一排座位——这排位子通常到了车厢快满时才有人坐。心理咨询师认为，这种选择是人类特有的安全感造成的。当你选了第一排座位时，坐在背后的人会让你感到一种潜在的威胁，因为你看不见他们在你背后做什么。其实，不仅是坐公交车，在很多场合中，人们都不愿意选第一排的座位。

我们不妨先来看下面的故事：

曾经有一家知名外企来到某大学进行校园招聘活动，当时，全校一共有800多人参加了他们的宣讲会，但是需要在大会结束时留下1/3的学生准备下一轮选拔。外企如何快速发现人才？原来，关键就在于看大家对于座位的选择。

首先，考官会看进场的状态，谁坐在前面先留下，最后三排没希望，不管如何优秀坐角落两边的也不要。坐中间的要看听课状态，如果认真并且眼神有互动，积极回答问题也可以考虑，这样会留下1/3的同学。

这家知名外企选拔人才的方式其实是有一定心理原因的，通过人们在某些特定环境中挑选的位置或者对座位的特殊偏好就能够读出其内心的想法。

其实，在某些环境下，我们也可以根据人们挑选座位的方式来了解他们的性格，具体来说有以下几种。

1.喜欢靠窗而坐的人平凡

窗边位置明亮，且能看见窗外的行人车辆以及发生的事。通常来说，个性平凡的人喜欢挑选这样的位置坐下。另外，这样能避开人多的洗手间附近，尽可能远离喧闹嘈杂的人群。

2.喜欢挑选中央位置的人表现欲望强、以自我为中心

一般来说，这样的人不多见，他们有很强的表现欲。人际交往中，他们的话题总是离不开自己，很少关心他人；他们很爱面子，在某些场合中，会主动站出来买单，在工作中，有领导气质。

当然，他们最大的缺点就是很少顾及他人的感受。例如，如果在饭店吃饭，服务员不小心上错了菜，他必定会马上与服务员争执，甚至会说出难听的话来。总之，他们并不是那么容易沟通和相处。

3.喜欢角落位置的人追求安定

尽可能地选择角落位置的人，也是因为坐在角落里能对店内全景一览无遗，这样，他就能看清楚所有的人和事。

一般来说，这种人追求一种安定、稳妥的生活。由于他们习惯做一个旁观者，基本上缺乏决策的能力，以及作为一位领导者应有的积极态度。因此，与其要他做一位领导者，还不如请他当顾问来得更加适合。

4.喜欢坐在入口处附近的人，属于个性急躁的类型

这种类型的人精力旺盛、对生活工作都很积极、乐观，总是乐于助人，喜欢走来走去，好像永远闲不下来。

5.喜欢面向墙壁的人孤傲

偏好靠近墙壁附近的座位，而且喜欢面向墙壁以背对着其他客人的人，显示出他们不想和其他人有任何瓜葛的心态。背对着其他客人显得孤傲，热衷埋头于自己的世界，无视于外界的存在。

6.喜欢背靠墙壁的人普通

同样选择靠近墙壁的座位，但喜欢背对墙壁、面对店内客人而坐的人，应该算是很普通的类型。人们会将背部贴着墙壁，是一种十分寻常的心理反应。因为背靠着墙壁，我们便不需要担心背后是否会有敌人偷袭，而又可以眼观六路、耳听八方，注意周围的动静。

对一般人来说，由于背部没有长眼睛，很难注意到有什么事情发生，因此，将背靠着墙壁，是一种能令人安心的本能反应。

当然，以上是针对单个人在某个场所时选择座位的情况分析，当众人一起进入某个场所时，人们选择座位的方式应该另当别论。

进入场所后，环顾四周，然后对其他人说："坐那里吧！"这样的人很自信、很有气场，是会直接表达内心想法的人，但也可能因为独断而让他人生厌。

带领着大家就座，却发现位子已经被其他人占领，于是不得不重新寻找，有这样习惯的人判断力欠佳，且会做出错误判断，经常会出现小失败，不过却突显了个人魅力，乐于配合他人，老实的性格受人欢迎。

总是跟在人家后面、等待被人安排的人通常有依赖心理，他们自己不会主动去做一件事，只是配合其他人。

会立即问工作人员具体情况的人虽然懂得变通，但他们会以现有结果为优先，而忽视其他一些更为重要的因素。例如，其他人的喜好与氛围等心理因素，也有不考虑别人意见与想法的一面。

生活中，我们经常会坐在咖啡馆、餐厅、会议室等地方，你喜欢坐在哪个位置呢?通过不同的位置，我们可以大致判断出一个人的个性。

通过睡觉习惯了解真实的对方

生活中，我们每个人，在经历了一天的工作和生活后都会感到疲劳，此时，睡眠就是最好的休息方法。有人说，每个人的一生有1/3的时间都是在睡眠中度过的。的确，在卧室、在床上，是我们最放松的时刻。也就是说，观察一个人的睡觉习惯，也能看出他最真实的一面。我们先来看下面的故事：

一直以来，岩岩都很喜欢心理学，即便她大学读的不是这个专业，但毕业后的她依然经常会自学一些心理学知识，这不，最近她报了一个心理学课程班。在课上，老师告诉她，一个人的性格、心理可以在睡觉这一最放松的状态下得知。

对此，这天下课回家后，岩岩对爸妈说，希望他们能在自己睡着时给自己拍一段录影，这样就能看出自己的睡觉习惯，以便得知自己的性格、心理。

后来，岩岩在看录影的时候，被自己的睡觉习惯吓了一跳——原来自己睡觉时很喜欢把脚放在床外面，根据老师教的心理学知识，这是工作、生活压力大的表现，是啊，这几年来，岩岩一直在努力工作、不断地升职、不断地挑战自己，确实是累了，该好好休息了。

从岩岩的经历可以看出，一个人的心理状态如何，是可以从其睡觉习惯和姿势中看出来。

的确，每个人的睡觉习惯都不尽相同，有的人习惯躺着睡，有的人习惯蜷缩着睡，有的人喜欢依床沿而睡……我们可以依据不同的睡觉习惯，判断出对方隐藏在心里的想法。而对于自己而言，我们在很多时候并不知道自己在睡觉时有什么特别的习惯，那么不妨问一问身边亲近的人，然后根据实际的性格对比一下。下面我们就介绍几种常见的睡觉习惯，使我们可以通过睡觉习惯对别人有个大致的了解。

1.有的人喜欢仰睡

喜欢仰睡的人都性格开朗、活泼、大方，在生活中，他们待人亲切、热情、极富同情心；他们还很贴心，在人际交往中，能看出别人的需求；另外，在遇到事情时，他们敢于担当、不会逃避责任；他们处事成熟，懂得分清事情的轻重缓急，并且很有执行力。

因此，这样的人是很优秀的，他们身上有很多美好的品质，通常能把事情做得很到位。因此，他们常常能赢得周围人的敬重和信赖。

2.有的人喜欢趴在床上睡

喜欢趴在床上睡的人是自信的，他们相信自己的学习能力和工作能力，这并不是自负，而是能认清自己的实力。另外，他们的适应能力很强，即便是在一个陌生的环境中，他们也能比其他人更快适应。他们有着自己清晰的目标，不会被周围的人所影响。另外，他们善于伪装自己的真实情感。

3.有的人喜欢蜷缩着睡

喜欢蜷缩着睡的人通常缺少安全感，他们的性格比较懦弱，经不住打击。他们独立意识不足、逻辑思维差，经常需要他人的帮助，遇事不懂得按照先后顺序处理。到了陌生的环境中，他们会表现出怯弱的特点；他们责任心不足，在问题面前，常常会选择退缩。

4.有的人喜欢睡在床边

有的人喜欢睡在床边，这样的人也比较缺乏安全感，但他们比蜷缩着睡的人更理性，更能控制自己的情绪，他们的忍耐力较强，不会轻易表现出愤怒的情绪。

5.有的人喜欢呈八字形睡

喜欢呈八字形睡的人通常是唯我主义者，他们希望周围的人都按照自己的意愿行事，很固执、强硬，不想听到反对的声音。但他们也有很多优点，如不会轻易放弃自己的目标，有很强的工作能力，有掌控局面的气场，等等。

6.有的人睡觉时喜欢把脚放在外面

睡觉时喜欢把脚放在外面的人是真正的压力一族，即使到了睡觉这一最放松的状体下，他们依然是累的，这类人通常工作比较繁忙，没有足够的时间休息，或者不会享受生活。不过，他们通常都是事业有成的人，因为他们的精力总是那么充沛。

7.有的人喜欢以呆板的姿势睡

有的人喜欢以呆板的姿势睡，如双手摆在两旁、两脚伸直着睡。这一类型的人生活节奏相当快，生活也很有规律性，也正是因为这一点，即使睡觉时他们的精神也得不到放松。另外，他们的生活是被模式化的，什么时间做什么事，什么时间睡觉都成了他必须完成的一道程序。

8.有的人喜欢抱着双臂睡

有的人喜欢在睡觉时环抱着双臂，甚至握着拳头，仿佛随时准备给人一击。这一类型的人如果是仰着或是侧着睡觉，拳头向外就是向他人示威。如果把拳头放在枕头或是身体下面，表示他正在控制这种消极情绪。

9.有的人喜欢以戒备的姿势睡

这一类型的人通常具有较强的戒备心理，他们自主意识很强，性格固执，不会因为别人施予的压力去做事，不会听从他人的摆布，如果有人强行要求他们，他们就会采取一些必要的措施。

观察和了解一个人的方法有很多，但如果找到一种最好的方法却并不多，睡觉习惯是其中的一种。一个人的睡觉习惯是受到潜意识支配的，即便并不是熟睡，其睡觉习惯也会显示出他在清醒时、表露在外和隐藏在内的某种思想感情。

参考文献

[1]陈璐. 微表情心理学[M]. 北京：中央编译出版社，2014.

[2]马浩天. 微表情心理学[M] . 苏州：古吴轩出版社，2016.

[3]刘川. 微动作心理学[M] . 北京：中国友谊出版公司，2016.

[4]姜振宇. 微表情：如何识别他人脸面真假[M] . 武汉：长江文艺出版社，2015.

[5]杰勒德 · 尼伦伯格，亨利 · 卡莱罗. 微动作读心术[M] . 北京：新世界出版社，2013.